Money錢

Money錢

新式型態學

股市新手一出手就賺

175 張圖

22種多空
K棒組合

8種
獨創型態

Money錢

01

新式型態學
短中長線皆可操作

02

新式型態學基礎入門 1：
新舊融合的運用

03

新式型態學基礎入門 2：
新型態誕生

04

打造獲利方程式
新式型態學交易 SOP

05

與股票談戀愛
你該知道的二三事

| 推薦序 1 |

堅持和專注 是成功不二法門

初見 Sara，我便被她的熱忱所感動。當時，股市爆料同學會剛上線語音直播功能，我認為這是 Sara 展現她熱情的最佳舞台。「大家早安！我是莎拉！」果不其然，她迅速嶄露頭角，無論是甜美的嗓音還是直率的口吻，都吸引了大批粉絲，並帶動了語音直播平台的人氣，從此「莎拉女王」誕生。

一本書的出版，象徵著作者進入了一個新的階段。在知識煉化的過程中，「寫作」及「公開分享」是自我進化的重要階段。從認識 Sara 到現在她出版新書，已經過去 2 年，她在投資上鍥而不捨和不斷自我精進的態度，值得讀者學習。她熱衷分享，這是作者最最最核心的精神，也是 Sara 能夠聚集大量鐵粉的關鍵特質。

當時，我在 CMoney 作者團隊服務，就知道她一定會出書，只是她的成長速度超出了我的想像。

大約在 2023 年中，Sara 邀請我為她的新書寫序，她堅定地

告訴我，她要出版這本書，讓全世界的人都知道「新式型態學」。我深深佩服她的堅定信念，更欣賞她的熱忱。

　　拿到編輯完整的初稿時，我以最快的速度讀完這本書，大約1週的時間裡，我思索如何撰寫這篇推薦文，才能不影響讀者的閱讀心態。因此，我從投資者的角度出發，歸納出以下幾點與大家分享。

　　首先，Sara 這本書展現了她在投資學習上的堅持和專注。她不僅僅是投資的實踐者，更是知識的探索者和分享者。每一章節都充滿了她的實踐經驗和獨到見解，這些都是她多年來不斷學習和積累的結果。

　　其次，她在書中詳細介紹了「新式型態學」，這是一個相對新穎但非常實用的投資分析方法，Sara 用通俗易懂的語言，將複雜的理論簡化，使得每一位讀者都能輕鬆理解並應用於實際操作中。

　　最重要的是，Sara 以她特有的熱情和誠懇，鼓勵讀者勇於探索，不斷進步。她相信，每一個人都可以通過學習和實踐，實現財務階段性自由和人生夢想。

　　我誠摯地推薦這本書給所有對投資有興趣的讀者。無論你是初學者還是有經驗的投資者，希望本書都能讓你從中獲得啟發和幫助。

　　期望大家在閱讀這本書的過程中，能感受到 Sara 的熱情和
智慧，並在投資路上走得更好、更遠。

　　祝閱讀愉快，投資順利！

前外資券商主管　黃鉦展

| 推薦序 2 |

紀律學習 找到贏家金鑰

記得第一次見到莎拉，在短短 2 個小時的會面中，我從她熠熠發光的眼神中，看得出她對交易有無比的熱情，對傳授分享有極高的熱誠，讓我印象深刻！聊天中她訴說年少時期母親對她金融交易的啟蒙，踏入社會後從事設計行銷工作，後來遇到瓶頸決定去 EMBA 進修，意外重新燃起對交易的熱忱。而後透過大量研究各學派的投資理論，日復一日進行交易實戰及記錄操作日誌，終於歸納出獨門創新投資法——「新式型態學」。

新式型態學的核心理念是「型態為王、籌碼為后」，它結合亞當理論的順勢操作、獲利出場及停損判斷方式；道氏理論的 3 段趨勢及量價關係；合併波浪理論及雞蛋理論的初升段、主升段及末升段判別；運用葛蘭碧均線八法來判斷走勢，最後是酒田戰法的多空 K 棒組合，預判起漲起跌點。

更獨創了金包銀、湯姆士迴旋、N 字勾、小碎步、有底撐、穿心箭、下樓梯、打地鼠等新式型態，書中莎拉大量列舉實戰操

作案例，讓投資人望文生義，看懂深奧的型態學，非常適合剛入市場的新手，以及還沒找到自己一套交易方法的老手學習。

本書中我特別喜歡第 4 章的內容，我認為成功的交易人一定要打造屬於自己的交易 SOP。第 1 步，判斷大盤走勢，以選擇權籌碼的關鍵價及日、週、月均線為判斷基礎；第 2 步，型態選股，以新式型態挑選起漲、起跌的標的；第 3 步，追蹤主力、法人籌碼動態、融資融券變化，洞察市場資金流向；第 4 步，大量閱讀研究報告，掌握公司財報及營運發展，最後搭配短分 K 及技術指標輔助，在每次交易重複上述步驟！這套方法我認為可以幫助投資人有系統的掌握投資關鍵因素，養成紀律交易的習慣。

最後，我在金融行業 15 年資歷，在期貨市場持續交易 24 年，我長期觀察過許多成功的贏家交易人，也看過無數失敗退出市場的散戶，我認為「紀律的學習」、「健康的心態」，才能打造成功的交易人生。

投資交易應該是為生活加分的選項，我衷心希望透過本書的引導與啟發，開啟每個讀者人生幸福的篇章！

群益期貨資深副總經理　黃三榮

| 推薦序 3 |

站在巨人肩膀 找到投資藍海

在一個慵懶的午後，我在台北一家安靜的咖啡店與 Sara 相遇。這是我們第一次見面，她身為新式型態學的創始人，帶來了對市場的新洞見。我們談論了資本市場的看法與策略，從中我能清楚地感受到她對於投資世界的深刻理解和熱情。

Sara 並非出身於金融世家，她與我們大多數人一樣，投資是從家中長輩以及自己研究起家。說穿了，像是一位普通的散戶，從新手村打怪練經驗開始。但她有著一顆熾熱的心，對投資的熱愛讓她在資本市場的海洋中遨遊，就像與市場跳著一支永不停歇的華爾茲。

在她的書中，Sara 將六大投資理論和技術分析法融合，創造出獨一無二的「新式型態學」。她像一位巧手的廚師，將各種條件經過篩選，調配出一杯營養豐富的「綜合果菜汁」，讓讀者能夠在市場中尋找到屬於自己的投資之道。

這本書是為了那些剛踏入投資世界的新手們，尤其是那些對

K 線和技術分析還感到陌生的人所寫。它將是你們的福音，一本讓你們迅速掌握市場脈動的寶典。

Sara 的方法不是孤立無援的創新，而是站在巨人的肩膀上，將市場上大多數人已經接受的想法進行整合，創造出新的可能。在這個數據驅動的時代，Sara 還巧妙地利用程式輔助選股，提高效率，避免那些可能被忽略的珍珠遺失在海洋深處。

最後，如果你問我這本書該如何閱讀，我會建議你從最後一章先導讀。尤其是第 3 章必須反覆閱讀。就像電影《藥命效應》，一開始就在結尾片段中找到故事的開始。我們也將在這本書的結尾發現投資之路的新起點──交易心法。

在這個充滿未知與可能的市場中，讓我們跟隨 Sara，一起尋找那些隱藏在數字背後的秘密，一起與資本市場展開一段浪漫的戀愛吧！

「羊叔開講」主持人
現為香港 MetaNano Asset Managementn 負責人

好評推薦

　　投資成功的關鍵在於選擇適合自己的方法，而不是盲目追求某種被認為最好的策略。莎拉的這本書正好為這一理念提供了支持。書中通過理論與實踐相結合的方式，展現一個最佳典範。

—— 全曜財經資訊股份有限公司創辦人 Ken

　　「在錯誤的道路上，奔跑也沒有用」，如果你在股市中仍找不到穩定獲利的方法，可以從這本書開始學起。

—— 口袋證券總經理 Sam

　　很多人在股市中賠錢後直接畢業，莎拉卻能努力不懈、痛定思痛重新學習，找到失敗的原因，才能創造賺錢的機會，每個投資人都應該這樣。

—— 國票經紀事業部業務副總 洪永明

特別推薦

詹文男 ｜ 數位轉型學院共同創辦人暨院長

| 自序 |

新式型態學 燃起對投資的熱情

終於來到寫書的最後一哩路——自序,這篇序我在完成全書的 2 校後才動筆,也算是畫龍點睛吧。

回首 2022 年的 6 月 9 日以及 2023 年的 6 月 9 日,分別是我被救回理財寶平台,啟動我邁向財商教學之路的第一天,隔年同一天我與《Money 錢》簽下新書合約,多美麗的巧合!這 1 年多來,我花費大量時間在撰寫書籍,本應該先完成的藝術博士論文計畫被擱置,人生永遠是計畫趕不上變化。實際上《新式型態學》這本書,我全然是以寫論文的心情在執行,一邊寫的當下,一邊梳理腦中整個學說的大架構,至此算是真正的完整了。

出書是一件吃力不討好的事,但身處影音互動媒體當道的年代,紙本書籍更顯其深度及珍貴。寫書過程中,我很感謝《Money 錢》的副總編文瑜及美編,他們忍受我各種天馬行空的想法、一再的拖稿(哈!),實在是我太貪心,同時間身負教學、操作、準備考試各種任務,甚至新開了一間投資公司!

也非常感激在撰寫期間，好多位業界專業且重量級人物願意推薦本書，並惠賜推薦文。還有所有新式型態學教學群以及股市爆料同學會上持續支持我的同學們，因為你們的殷殷期盼，讓我有動力把這著作完善。尤其感謝我的股東們，在我分身乏術時，給我鼓勵安慰及各種協助，讓我無後顧之憂。

也感謝我自己從小不服輸的衝勁，即便這一路上有許多不被看好的聲音，不但沒打倒我，反倒成了自我證明的動力。

本書要極力推薦給各位（讓我這個正宗的老王賣瓜一下），這會是你看過名為技術分析，內容卻包羅萬象涵蓋籌碼、心理及操作紀律，超越所想的一本書。同時書中採用了互動影音及索引設計，是市場少有的工具書形式，所有的出發點都是為了各位著想，希望新式型態學能打動你，對操作有新的熱情與想像！

特別感謝我的父母對我無私的愛與奉獻，在人品、待人處事換位思考，以及邏輯表達的持續培養及要求。更重要的是，把信仰帶進我的生命中，讓我在遭遇挫折時不致跌倒，感謝主。

最後，將此書獻給所有相信新式型態學，對人生有盼望、不服輸、追求更好自己的你們。

Sam Wong
2024. 06. 22
♡♡♡

付出學習
市場會給你最好回報

我的投資成長心路歷程

股齡0歲：家學淵源的出生背景

要探究我開始入行，起心動念操作的過程，就必須從我年幼時說起。青少年時期我母親就非常喜歡研究股票，她是正統的技術分析派擁護者，日常讀報研判全球政、經情勢，讀近60本財經書，融會貫通各家精華，因此能屹立股市多年，未被股海吞沒。

但小時候哪懂操作，所以聽到大人一直在那邊嘰嘰喳喳的講，其實心裡對股票充滿了厭煩。直到自己出社會之後，開始對投資產生了一點興趣，畢竟家學淵源（笑），一開始請教母親，她建議我從投資基金起步。

記得我的第1份工作是在統領百貨台北館（後來我都開玩笑

是被我做倒了），當時，大學畢業生 1 個月的月薪才 22K，只能省吃儉用存錢來買基金。當年買的是統一全天候跟統一黑馬基金，存了幾年回收了 30% 左右的利潤，其實對一個放在那邊就生錢的被動收入來說算是不錯。但真正進入股票市場，是投入工作好長一段時間之後的事了。

雖然我本業是設計行銷，自己開公司經營 10 年來到分岔路口，一方面事業被倒債碰到瓶頸，感情又遭遇重大危機，雙重打擊無疑雪上加霜。於是，我放下所有，重新來過，當時決定報考 EMBA，進入 EMBA 之後才發現柳暗花明又一村，上帝總是在我最軟弱需要幫助的時候出手。

從那時開始，我跨出了原本的舒適圈，在求學的 2、3 年期間，認識了各行各業的高階主管、大老闆及企業經營者。大家的話題經常圍繞在未上市、上市櫃股票；第 1 年我協助教授成立天使投資公司，自己本身也是股東之一。另一方面，市場的奧妙重燃起我對操作的慾望，於是縱身投入大筆資金，豈知後來又是一連串的風暴。

股齡 1 ～ 2 歲：遇「渣男」得到慘賠教訓

2014 ～ 2015 年我剛入股市不久，有 3 檔令我印象格外深刻。踏入這花花世界的「代表作」是毅嘉（2402），當時我輾

轉得到內部人消息，也就是所謂的「內褲線」，說股價會翻倍，於是我半信半疑丟了 200 萬元進場，當時什麼 K 棒、線型、技術分析一竅不通，每天只會學我母親打開財經台胡亂看一通，不過同時期也就投資這 1 檔，果真只花了短短 4 個月的時間，毅嘉從 25 元漲到 51 元。

「朋友的消息真不是蓋的！」當時我心裡的 OS 是如此，所以當毅嘉回測時，市場、投顧一片看好，一個人的貪念就起來了，想著，不如趁這時候再丟一些錢進去，於是跌到 45 元時，我又丟了 50 萬元加碼，幻想這檔讓我大賺出場。但散戶的公式通常就是，有賺不走、貪心加碼，直到毅嘉跌回我最初進場的價位，我才發現不對。我等了 1 年的時間，本來有賺翻倍，現在卻抱上抱下一場空？不行！我再放一陣子它就會漲回去了……想當然爾是沒有，最終賠錢收場。

至於儒鴻（1476），是最慘烈的一役。印象非常深刻的是當時我去板橋跟廠商談生意，我先打開券商軟體，看了看儒鴻覺得挺順眼，就在 300 多元的位置上，下了多單近 30 張，接著就進去跟廠商開會了。一個新手，當沖完全不盯盤，在開會的半小時中我坐立難安，因為一方面心想不知道我賺了多少錢，另一方面又怕萬一跌下去怎麼辦？於是我匆匆地將會議結束。

當我走出大樓，躲在騎樓下，一邊拿著手機一邊發抖、冷汗

直流，因為當下已經大跌 5%。更糟糕的是，我沒有這麼多留倉的現金，我必須當日平倉，不然肯定違約，最後在它小反彈時停損出場。這筆投資，1 個小時之內，我虧了 30 萬元。

最後讓我印象深刻是同致（3552），買進時正是被炒到歷史高點的全盛時期，多少分析師追捧，跟你說會破千什麼的，於是我在山頂上追進（圖表 0-1，A 點），幻想自己可以賺個幾百萬回來。可是瑞凡，一切都回不去了。

買進後股價開始緩跌，我催眠自己別擔心會上去的，因為大家都說要破千啊！再過 2 個月，我告訴自己，只要回到成本我立刻賣，不賠就好。結果開始一路重摔，我慌了，我無法再等，出

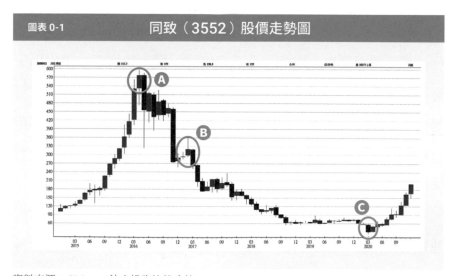

圖表 0-1　同致（3552）股價走勢圖

資料來源：CMoney 法人投資決策系統

場時股價已腰斬（圖表 0-1，B 點）。

但回頭看看，若沒停損，股價曾經最低來到 24.7 元！買在山頂的 1 張 59 萬元變成 2 萬多元（圖表 0-1，C 點）。即便後來經過整整 5 年，同致股價最多也只回到 370 元附近。

這些經歷，只是我操作前期的一小部分，多的是小賺大賠，零零總總加起來，至少 1 輛全新的進口車沒了。

即便如此，我在當下也沒有想要好好學習技術分析，仍舊迷失在財經台的一些推薦，各位可以想像得到的各種門路，我都嘗試過。我曾經跟過一位投顧老師，3 個月會費花了 16 萬元，這還只是一般會員，也就是俗稱幫別人抬轎的底層會員。

還記得當時老師的助理會電話通知我說：「王小姐，我們現在買 xxxx 這一檔，妳就投多少資金下去。」我傻傻地跟著操作。過沒幾天又接到電話，「王小姐這一檔，我們現在先出場，你把資金移到 xxxx，換做這一檔。」我就很驚訝地問她說：「可是前一檔還沒有賺錢，為什麼要出場呢？」她回答道：「妳不用管這麼多，就是把錢移出來，放到新的一檔，跟著老師操作就對了。」最後的下場當然是偶爾會賺一點錢，到後面一路賠錢。

至此，我是真的看破了。我深刻體會到操作這件事完全不能靠別人，所謂「靠山山倒、靠人人跑，靠自己最好。」就像在沒有任何裝備的情況下，就想要上戰場殺敵，當然只有被痛宰的

份。不管是小道消息也好，就算有內褲線也沒用，因為我看不懂線型，根本不知道什麼地方是高點，什麼地方該出場。要靠別人帶進帶出就更危險，因為我只是別人操作底下的一枚棋子。他收他的會費，賠得可是我的錢。

於是，我下定決心自學，決定拿出年輕時讀書的拚勁，我就不相信，不能克服它。

股齡邁入3歲：開啟寫操作日記的生涯

2015 年 11 月 16 日，這一天是我在理財寶註冊後，啟動了在「籌碼 K 線」軟體每天寫下操作日記的開端。

「籌碼 K 線」中有各種籌碼資訊，又可以看到很多厲害的達人在個股頁裡互相拚場，我每天大量上網查各種技術分析的相關資料，試著應用在操作之中，邊實戰、邊除錯，同時記錄在日記裡。

經年累月之下，吸引了一些粉絲追隨。這個時期我的操作習慣通常一次追蹤 1 隻個股，當時華二哥（華新科）、上緯頭痛（上緯投控）、大同寶寶（大同）這些神準的操作事蹟，讓人琅琅上口。甚至我日後成為理財寶講師之後，還遇到早期看我「籌碼 K 線」文章的學員前來相認。

可惜的是，雖然我研讀了大量的資料，也多少從財經台學到

一些知識，但整體而言都是片段零星的，沒有一個系統性的歸納。而且都是單向吸收，只能實戰後求證，必須靠自己摸索，一路跌跌撞撞。

股齡4～5歲：受專家提攜快速成長

直到某天，我看到理財達人無聊詹的臉書廣告，一個看似文質彬彬的老師（實則幽默搞笑），感覺他很會教技術分析，於是我再度提起勇氣買了他的 App，同時加入群組。這個群組聊天多過教學，不過，我卻在裡面認識了好多位助教。

基於我是女性，活潑、天真又開朗（這應該是優點吧），很快就跟大家打成一片。助教們非常熱心，讓我在這個時期把台指期、選擇權、權證及個股股期的用法，甚至是當沖、看籌碼的技巧，全部學了一輪。

我要藉此感謝詹詹、彥大、阿默大、風紀股長、A 大、小任任、C 姊、宏大……等多位良師益友，惠我良多。

同一時期，我利用學習到的技法進行實戰，持續在「籌碼 K 線」用文章累積操作功力，我發現我所學到的，似乎並不是這麼適合我，這歸咎於個性本身太容易追高的體質，尤其看到量出來有機會創高的模式，更會讓我患得患失，展現在操作上就是容易大賺大賠。因為一旦看對，重押就可以賺錢，但更多是貪婪的心

影響了操作，有賺時沒跑，反轉下殺時又腳麻跑不動，變成大賠。

　　無數次下來，我又對自己的操作開始感到懷疑，這樣的模式真的可以讓我賺錢嗎？不是說方法不好，而是，適不適合自己？

　　所幸，經歷這些風風雨雨，我並沒有自我放棄。我的人生中，在求學、創業及工作上，總是一直不斷地從錯誤中找方法，為成功的路徑尋求正確的解答，所以上帝很眷顧我，一路以來很少嚐到敗績。我分析檢討原因後發現，操作失利並不是因為技術上的不成熟，而是大家共通遇到最難克服的問題——心魔。換句話說，技術沒問題，但克服心魔的方法是什麼？到底什麼樣的方式適合我這種膽小、容易腳麻，又貪心的人？

　　我必須要找出這個答案。

股齡 6 ～ 8 歲：新式型態學成形

　　這個階段我持續每天寫「籌碼 K 線」的日記，我把操作徹底拆解，就像寫論文一樣，要先解構一遍再重組。每一檔個股，成功跟失敗的原因都列出來，為什麼賺錢？為什麼賠錢？徹徹底底地解析了一番。然後發現，大盤原來是一個重要關鍵。以前的我很鐵齒，覺得個股的漲跌跟大盤沒有什麼關係！

　　想起詹詹師祖常提醒的一句：「大盤是海，個股是船。」到頭來，我發現這一句話非常受用。其後我在操作之前一改往常地

先看大盤，先畫出大盤的支撐、壓力，揣摩目前是多方或空方勢優，之後才找個股，抓到節奏才能進場。此外，我發現當畫出了個股的支撐、壓力，在達標時，如果我有按照設定的目標紀律出場，通常可以穩穩地賺錢。一旦沒按照訂好的紀律又貪心了，最終十之八九都是賠錢收場。

因此，我改變的第一步是開始調整心態和紀律。可心態跟紀律並非想像中容易控制，不是你對自己精神喊話不要貪心、不要追高、有賺要跑……這些口號就有用，一開盤智商會立刻降到87分，所有原先的規劃會在當下立刻遺忘。所以開始練習時，我會先寫下來，按表操課，有賺錢達標的，一律先賣一半，此舉讓心魔立刻降低一半，因為獲利已部分放口袋，如果後續股價再上，我手上仍有，但如果上不去了，可以再賣出，這樣的操作變得靈活許多。

另外，為了克服追高，我開始研究短分K，過去傳統技術分析只教日K，當沖最多看5分K，沒有人是所有分K都參考的。我是第1個主張1～60分短分K，到日、週、月K，所有週期都要來回參考的人。

上面的作法看起來簡單，但光是練習來回看短分K，我利用操作台指期、選擇權加個股股期打tick（價格波動的最小單位，又稱為跳動點），前後至少1年時間；調整心態及紀律到至少勝

率9成，則整整花了快2年時間，期間還包含研究各種操作怪招，也就是接下來本書會在各單元深入細部解析的內容。

股齡9～10歲：成為專業講師

在成為理財寶專業講師前，其實發生過一段意外插曲。一路以來，我所有的操作經歷都寫進了「籌碼K線」的日記，前後8年的時間，尤其到近2年，我非常樂意分享這套好用的技法，於是吸引了不少粉絲追蹤。

合併到CMoney股市爆料同學會後，理財寶為了平台秩序，制定了一些規則，我因為某次外導行為，在2022年5月時被踢出了同學會，從此永久禁言。

當時我問自己：「8年的累積，就這樣沒了？莫非是天意？」轉念一想，從小遇到事情從來沒放棄過，所以我就找各種可能的辦法，突然靈機一動，曾經加入的某個群組裡有理財寶的員工，我沒多想隨便從裡面加了1位，並且發私訊給他。

在第1次交談時，我使出渾身解數講解我的用意，並介紹剛形成的「新式型態學」，對方非常認同，問我是否有意願成為理財寶作者，我當然躍躍欲試地一口答應。但話鋒一轉，他提出了條件，因為想要成為作者，必須累積到一定的能量，不是隨便任何人都能加入的。

　　我永遠記得 2022 年 6 月 9 日，重新被救回同學會的那天，粉絲人數 4,830 人，從此我堅守平台規章，一方面努力地寫文章，定位新式型態學，並且用我歸納整理好的理念，一點一滴運用在操作中。2022 年 9 月初，粉絲已經達到 1 萬 3,000 人追蹤，人數翻了快 3 倍，直到我現在寫書當下（2024 年 6 月），累積到 4 萬 1,100 多人，換言之，不到 2 年時間粉絲翻了快 9 倍。

　　此外，2023 年時，僅花 3 個月時間設計，推出了全市場唯一用型態選股的「型態學教室」App，獲得同學們好評；並推出了多堂直播課程及影音課程，成為專業講師。理財寶公司對於我在市場不佳的情形下入行，還能異軍突起、逆勢上漲感到驚奇，於是在 2023 年年會中頒發給我年度漲粉最高獎，7 月進入 VIP 作者的行列。在男性達人為主的市場上，保有一席之地是非常不容易的事，但憑一身不服輸的拚勁，我算是官方認證的奇女子之一吧！

　　這段不打不相識的經歷，最要感謝的是我的貴人黃鉦展——當初隨機在 LINE 群抓住的救命稻草，感謝他的慧眼與信任，若不是他，我只能默默收起新式型態學，無緣將這套能穩定獲利的技法嘉惠給廣大的同學們了。

　　當然故事到這裡並非完結，事實上，我和學習新式型態學的同學們，每天都在締造新的紀錄。以 2023 年到 2024 年幾檔翻

倍的股票來說，舉幾個經典案例：先進光（3362）、萬潤（6187）以及昇達科（3491），莎拉一路叮嚀同學從底部起漲做上來，完全實踐了 A、B 帳戶操盤法的長短線搭配，這是所有教學群裡的學員親眼見證的。更讓我高興的是，不僅是自己賺錢，而是每天看到一張張同學獲利的對帳單，那種成就感是無可比擬的。同時這代表，新式型態學是真正可以讓人穩定獲利的方法，只要願意付上學習的代價，成功終將屬於我們。

「我不害怕曾經練過 1 萬種踢法的人，
　但我害怕 1 種踢法練過 1 萬次的人。」

——功夫巨星 李小龍

01

新式型態學
短中長線皆可操作

本章就像是談戀愛時的「前戲」，總是要把對方的身家好好調查一遍，才知道他是不是「你要的」。新式型態學其實不難理解，難的是一套技法邏輯的反覆演練，練到成為你血液裡的 DNA。許多初期接觸的投資人對於要掌握如此多的濾網感到頭痛，但相信我，一旦抓到竅門，你會對它愛不釋手。

　　本章重點在快速了解技術分析 6 大學派概念、區別新式型態學與傳統技術分析的差異，以及用新式型態學概論的方式，先讓各位有一個基礎架構的了解。

傳統技術分析
認識 6 大學派差異 打好技術分析基礎

| 亞當理論 | 道氏理論 | 波浪理論 | 雞蛋理論 | 葛蘭碧法則 | 酒田戰法 |

新式型態學

▶ **5 大特點**　・雙向規劃　・買起漲型態　・各種工具的組合搭配
　　　　　　　・活用短分 K　・操作多元論（多重濾網）

▶ **核心概念**　・型態為王、籌碼為后 ▶ 抓住主力動態
　　　　　　　・基本面與消息面 ▶ 為服務型態而生

▶ **與傳統技術分析綜合評比**

| 1-1 |

認識6大學派差異
打好技術分析基礎

在正式了解新式型態學之前，要跟各位來談談正統的技術分析學派。因為新式型態學是起源於傳統的技術分析，傳統技術分析有它的優點，好比說，你可以根據線圖、指標數據、量價關係及籌碼……來推測股價可能行進的方向。在我深入了解這些學派後，擷取了當中的精華，成為新式型態學的重要基石。

很多人會問：「為什麼要學技術分析呢？」尤其是篤信基本面的人，認為投資應該要做長線，而不是每天殺進殺出，找基本面好的股票就好。這觀點並沒有不對，只是如果我們看懂技術分析的話，短中長期的操作都適用，再搭配基本面，就不會抱上抱下，或是搞不清楚趨勢，資金長期卡在一檔股票裡。

　　資金雄厚的大戶，也許可以採取攤平措施，畢竟本多終勝，有時利用微笑曲線原理，的確大多數的時間有反敗為勝的一天（微笑曲線經常被使用在定期定額的存股操作中，也就是下降過程中，持續加碼，直到股價來到相對低點後，最終會形成上揚趨勢而走回多頭，屆時平均買進價格低於現價，就代表賺錢了。這方法類似左側交易者，人棄我取的概念）。

　　但是要經歷多久？有沒有可能變成 L 型型態，永遠回不去了呢？我舉一檔最明顯的例子，當年宏達電（2498）衝到 1,300 元的時候，誰能保證後續業績呢？結果股價一回跌就是 12 年過去，當時抄底的人，情何以堪。

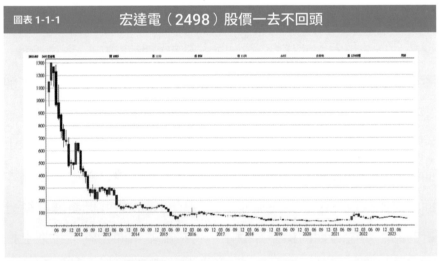

圖表 1-1-1　宏達電（2498）股價一去不回頭

資料來源：CMoney 法人投資決策系統

　　因此，想要在金融市場上更加容易找到操作趨勢，就要善用非隨機價格的圖樣跟趨勢，並且搭配各種工具以及方法，輔以各類的指標，像是透過成交量、籌碼與價格之間的關係，做一個綜合的判斷。

莎拉投資小教室

原型圖樣 vs 非隨機價格圖樣

　　原型圖樣包括頭肩頂、雙頂、頭肩底、雙底等經典型態，這些型態在價格圖表上呈現出特定的形狀，具有預測未來價格走勢的能力。例如，頭肩頂型態被認為是一種向下趨勢的轉折信號，而頭肩底則被視為向上趨勢的轉折信號。

　　非隨機價格圖樣是指在價格圖表上，出現看似隨機，但實際上具有一定規律性的型態。例如，波浪理論中的波浪型態，以及費波南希回調線等，這些圖樣反映了市場中存在的某種規律或者心理因素，可能影響著價格的未來走勢。

　　除此之外，還有相當重要的一點，就是股市心理學。在圖面上看到所謂的趨勢、價格之外，**市場整體的氛圍會影響投資者心理，好比當整個市場氛圍極度看多，這時候技術分析要盡量從這個角度去切入**。最後是技術、心態以外的風險管理，風險管理掌控得宜，正報酬曲線將會一路向上。

在幾個傳統技術分析著名的學派當中，我特別舉亞當理論、道氏理論、波浪理論、雞蛋理論、葛蘭碧法則及酒田戰法來做一些簡單介紹。我從這些理論當中，擷取了重要觀念，融入到新式型態學的應用與操作，因此有必要先來了解它們各自的內涵與特色。

傳統技術分析學派①：亞當理論

▪ **發明者**：威爾斯・威爾德（John Welles Wilder Jr.，1935 ～ 2021）

▪ **時空背景**：《亞當理論：跨世紀順勢交易大師經典之作》作者威爾斯・威爾德被譽為是「上個世紀最偉大的技術分析大師」，RSI 指標與 SAR 等重要技術指標，都是他創始發明。但是到了後期，他卻放棄自己一生鑽研的技術分析指標，指出「世上沒有任何技術指標，可以準確預測股市方向」，並推出「亞當理論」以取而代之。

▪ **立論及影響**：1980 年代所誕生的投資理論，之所以訂名為「亞當理論」，是源於聖經〈創世紀〉裡，神創造的第一人即為亞當，象徵著人類的起源。用亞當為理論命名即表示這是一種最純粹、最簡單，也最容易採取的獲利方式。

亞當理論中心思想是「順勢交易」，它要求投資者抱持謙遜

的態度，與盤勢一致。

▪ **使用方法**：亞當理論的應用方法包含了在不同交易情境下的策略。首先，就進場策略而言，該理論建議遵循趨勢進行交易，而非貿然逆勢操作。換言之，**不應試圖預測市場的頂部或底部，而是等待趨勢變得明確後再進場**。此外，即使市場出現強勁的爆發性走勢，亞當理論也主張謹慎對待，除非有清晰的證據顯示趨勢已經轉變，否則不要與之對抗。

至於獲利處理方面，亞當理論提供了相應的建議。交易者應避免過早地平倉或設立固定的利潤目標。反之，亞當理論認為應當讓市場來決定離場時機，而非自行裁決。

在停損策略上，亞當理論強調了設置停損點的重要性，無論是買進或加碼操作，都應該設置明確的停損點，以控制風險。此外，一旦設置了停損點，交易者不應輕易取消或調整，除非市場出現確定的趨勢支持。

亞當理論還提醒虧損時，不應讓損失不斷擴大，而是應立即離場保留資金，以備日後再戰，1次操作或1天之內絕不虧損超過10%，賠錢的部位絕不要加碼「攤平」。

總結來說，亞當理論的操作準則在當今仍然廣受推崇。它提供了一套清晰的交易原則，幫助交易者在市場中保持理性、控制風險，並提高交易的成功概率。

傳統技術分析學派②：道氏理論

　　▪ **發明者**：查爾斯·道（Charles Dow，1851～1902）

　　▪ **時空背景**：查爾斯·道曾是一名美國記者，現今新聞報導中常出現的平均股價、紐約道瓊指數，就是他開發出來的。創辦於 1889 年，側重於金融、商業領域報導的《華爾街日報》，歸屬於查爾斯·道設立的道瓊公司，該日報是美國發行量最大的報紙之一。

　　▪ **立論及影響**：查爾斯·道的道氏理論被視為技術分析的奠基之作。這套理論起源於他的研究，後來由 S.A.Nelson 在《The ABC of Stock Speculation》一書中整理和出版。該書將道氏先前在華爾街日報上發表的內容重新整理，成為一套完整的市場理論。隨後，該理論經過不同專家作者的推廣，如 Robert Rhea 在《The Dow Theory》一書中對其進行了更深入的探討和發揚光大。

　　道氏理論被認為是技術分析的原點，其核心概念包括對平均股價和市場理論的探究，這些理論根源於對景氣循環的研究。儘管最初是針對股票市場的，但由於其廣泛的應用性，已獲得了其他市場的認可和支持。至今，道氏理論仍被視為技術分析的重要基石，對市場的分析和預測產生了深遠影響。

　　道氏理論有 6 項基本法則，說明如下。

．**基本原則1**：平均股價反映一切市場狀況，意思是，透過分析股價的平均變動，可以獲取市場趨勢和潛在變化的信息。

．**基本原則2**：市場趨勢明確為上漲趨勢和下跌趨勢，除此之外，道氏理論還進一步將趨勢細分為長期、中期和短期（圖表1-1-2），有助於更好地理解和預測市場變化。

圖表 1-1-2		依時間週期區分 3 種趨勢
項目	類別	說明
主要週期	長期趨勢	上漲或下跌呈現明確的方向，通常以年為單位。
次要週期	中期趨勢	呈現與長期趨勢不同的調整局面，通常以月為單位。
小型週期	短期趨勢	中期趨勢下的短期調整局面，通常持續數小時～3週。

．**基本原則3**：長期趨勢由3個階段構成，首先是先行投資者買進，此時市場動能較為不足；接著是多數投資者紛紛跟進，這時股價開始上升，且整體經濟環境呈現改善趨勢；最後是一般投資者進場，同時先行投資者開始獲利了結，這個過程易受到消息面影響，市場成交量也會隨之擴大。

．**基本原則4**：平均股價必須相互驗證。在道氏理論的早期階段，主要使用工業股價平均和鐵道股價平均來進行分析。只有當這兩者呈現出相同的趨勢方向時，股價的走勢才能被視為正式進入上漲或下跌趨勢。這種原則的應用不僅可以用於確定不同市

場或商品之間的相關性，也有助於對市場趨勢的準確評估。

▪ **基本原則 5**：趨勢必須有成交量的驗證，意思是評估市場趨勢時，需要考慮成交量的變化情況，它可以提供市場參與程度的重要信息。若長期趨勢上升，成交量會與價格的上升成正比，若進入調整格局成交量會減少。倘若價格上漲但交易量未隨之增加時，則趨勢產生轉換的可能性。

▪ **基本原則 6**：趨勢將持續到出現清晰的反轉信號為止。一旦上漲或下跌趨勢啟動，該趨勢將持續下去。現在市場中，順勢交易被視為交易策略中的王道，這項策略的優勢就來自於這項原則。趨勢將持續直到出現明確的反轉信號，**當市場出現超越高點或跌破低點的情況時，這意味著趨勢可能發生轉變**。但須注意，趨勢轉換信號容易和中期趨勢調整的情況混淆。

傳統技術分析學派③：波浪理論

▪ **發明者**：拉爾夫・納爾遜・艾略特（1871 ～ 1948）
▪ **時空背景**：由美國經濟學家艾略特提出的波浪理論，是技術分析的主要理論之一，交易員可用來分析金融市場週期、預測市場趨勢。艾略特是一名專業會計師，於 1930 年提出這一套方法，認為市場價格的走勢具有特定的「型態」。經過 8 年時間，艾略特正式發表《波浪理論》，雖然波浪理論的實證有效性仍然

充滿爭議，但仍被人廣泛使用中。

　▪ **立論及影響**：有一種說法，如果道式理論教會你什麼是大海，那麼波浪理論就是教你如何在海上衝浪！

　波浪理論包含 3 要素：①波浪型態：分為驅動浪和調整浪 2 種；②波幅比率：驅動浪和調整浪之間的相對比率；③持續時間：分調整浪的時間平衡、驅動浪維持的時間 2 種。

　一個完整的浪型是由驅動浪（上升波）與調整浪（下降波）構成，驅動浪一般情況是由 5 個子浪構成，調整浪一般由 3 個子浪構成。

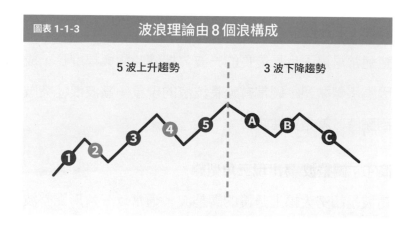

圖表 1-1-3　波浪理論由 8 個浪構成

5 波上升趨勢　　　3 波下降趨勢

波浪①（初升段）：股價初漲 存在賣壓

　艾略特認為首次上漲的原因是因為湧入小批投資人購買，所

以股價上漲，屬於形成底部型態的一部分，漲幅通常為 5 浪中最短的行情。此時，買方力量並不強大，市場繼續存在賣壓。

波浪②：趨勢不穩 賣壓減少

第 2 波的調整通常都比較大，幾乎吃掉第 1 波的漲幅，很明顯有大量的賣壓，常讓人誤判下跌波的趨勢還沒結束。此時因為多數人相信整個走勢還在低迷的階段，成交量會越來越小。反轉型態（如頭肩底、W 底、三重底等）通常在此波結束後確認。**波浪②的跌幅小於波浪①的漲幅，雖然趨勢仍不穩，但反映賣壓減少。**

波浪③（主升段）：漲勢激烈 成交量大

這通常是最強也是最長的一波，持續時間與幅度長，成交量大。因為漲勢激烈，經常有延長波浪的現象，當波浪③突破波浪①的高點時，就是買進訊號。

波浪④：調整波 易出現三角型態

這波是趨勢大幅上升後的調整波，通常以三角形調整波出現的機會比較多，且波底大於第 1 波高點。

波浪⑤（末升段）：樂觀情緒高漲 易反轉

這波的幅度基本上比波浪③小，當市場樂觀情緒高漲時，就

會出現漲幅的延長波，反轉型態可能在這裡成型，又稱為「邪惡的第 5 波」，法人開始出貨也是在這一階段。

波浪 A：股價即將下跌 易錯判行情

預告下跌的開始，但大部分投資人沒有意識到上升行情即將反轉，認為此波只是股價暫時回檔。實際上，A 波的下跌，在波浪⑤中通常會有警訊，如量價背離或技術指標背離（負背離）。

波浪 B：反彈波 暗藏多頭陷阱

B 浪是 A 浪的反彈波，但成交量縮，**一般而言是多頭的逃命線**，但由於大多數投資者會誤以為是另一波的上漲趨勢，導致 B 浪形成一種「多頭陷阱」。

波浪 C：破壞力強 全面性下跌

是一段破壞力較強的下跌浪，跌勢較強、跌幅大，持續的時間較久，而且出現全面性下跌。

傳統技術分析學派④：雞蛋理論

▪ **發明者**：安德烈・科斯托蘭尼（André Kostolany，1906 ～ 1999）

▪ **時空背景**：有德國證券界教父之稱，他在德國投資界的地

位，有如美國的華倫‧巴菲特（Warren Buffett），是市場上的無冕王。

■ **立論及影響**：科斯托蘭尼最知名的「雞蛋理論」是在《一個投機者的告白》一書中提到的，此理論與巴菲特名句「別人恐懼我貪婪」有異曲同工之妙。其中提到股市不論漲跌都是由3個階段所組成，分別是：修正階段、調整階段及過熱階段。這3個階段會不斷循環，交易的成功關鍵就是逆向操作。在股市處於過熱階段，投資者紛紛追高入場時，反而應該獲利退場觀望，在調整階段時耐心等待，直到反轉的訊號顯現時，再伺機於漲市時入場。

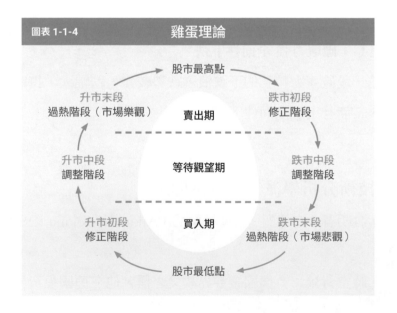

圖表 1-1-4　　　雞蛋理論

股市最高點

升市末段
過熱階段（市場樂觀）　　**賣出期**　　跌市初段
修正階段

- - - - - - - - - - - - - - - -

升市中段
調整階段　　　等待觀望期　　　跌市中段
調整階段

- - - - - - - - - - - - - - - -

升市初段
修正階段　　**買入期**　　跌市末段
過熱階段（市場悲觀）

股市最低點

　　要怎麼判斷股市處於哪個階段？一般來說，當股價開始從高點反轉下跌時，成交量逐漸減少，大多數投資者仍抱持一絲希望期待股價回升，這表示股市正處於初跌階段。然而，隨著跌勢進入中段，大量賣壓湧入，持股人開始紛紛拋售股票，導致股價不斷創新低，此時已來到跌市中段。

　　當市場進入末跌階段時，成交量逐漸萎縮，大多數持股人都已放棄，股價往往在此時出現回升的跡象，這時，聰明的投資人會開始低檔布局，成交量稍有增加，股市進入初升階段。隨著市場進入主升段，成交量再度增加，而在末升階段，成交量更是驟增，投資者紛紛高檔追逐，這就是股市的循環運作。

傳統技術分析學派⑤：葛蘭碧八大法則

　　▪ **發明者**：喬瑟夫 · 葛蘭碧（Joseph Granville，1923 ～ 2013）

　　▪ **時空背景**：葛蘭碧是第 1 個提出量價關係的人，為美國知名量價分析專家。葛蘭碧八大法則的主軸，是利用價格與移動平均線的關係，作為買進與賣出訊號的依據，是技術分析派裡被廣泛使用的投資策略。

　　▪ **立論及影響**：葛蘭碧的八大法則指出，股價的波動存在一定的規律性，而移動平均線代表著趨勢的方向。因此，當股價偏

離趨勢（即與移動平均線偏離）時，未來通常會朝著趨勢方向修正。因此，偏離的出現往往是顯著的買賣訊號。

葛蘭碧的八大法則根據股價和移動平均線之間的變化，包括相互的關係、股價突破均線的方式、兩者乖離程度等各種情況，總結出 8 種不同情形，作為進場和出場的參考依據。

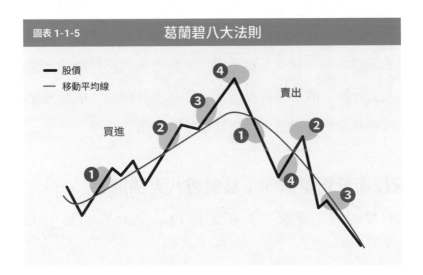

圖表 1-1-5　葛蘭碧八大法則

買進訊號①：突破

當移動平均線從下降趨勢轉為水平盤整或上升時，且股價從移動平均線下方向上突破移動平均線，可視為買進訊號。

買進訊號②：假跌破

股價跌破移動平均線，隨即又回到移動平均線上，且此時移

動平均線依然呈現上升趨勢，可視為買進訊號。

買進訊號③：支撐

當股價趨勢位在移動平均線上，雖然股價修正下跌，但未跌破移動平均線便再度反彈走高，可視為買進訊號。

買進訊號④：抄底

當股價向下急跌，不僅跌破移動平均線，甚至遠遠低於移動平均線，若此時股價開始反彈上升趨近移動平均線時，可視為買進訊號。

賣出訊號①：跌破

當移動平均線從上升趨勢轉為水平盤整或呈現下跌，且股價從移動平均線上方向下跌破移動平均線，可視為賣出訊號。

賣出訊號②：假突破

當股價反彈突破移動平均線，隨即下跌跌破移動平均線，且此時移動平均線依然呈現下降趨勢，可視為賣出訊號。

賣出訊號③：反壓

當股價持續維持在移動平均線下，雖然出現反彈，股價卻無法突破移動平均線，這時移動平均線成為股價的反壓，可視為賣出訊號。

● **賣出訊號④：反轉**

　　當股價向上急漲，且遠遠高於移動平均線，若出現反轉使得股價趨近移動平均線時，可視為賣出訊號。

傳統技術分析學派⑥：酒田戰法

　　▪ **發明者**：本間宗久（1724 ～ 1803）

　　▪ **時空背景**：日本 K 線經典中，最為推崇的是「酒田戰法」。本間宗久最初是為了研究米市行情，寫下《本間宗久翁密錄》，裡面包含 100 多項條文式的記載，經過後人反覆研究後，在昭和 24 年終於出現了《酒田戰法》第一版圖書──這被奉為證券買賣的經典，合計有 78 條戰法，包括買、賣、觀望或轉換。

　　▪ **立論及影響**：酒田戰法透過觀察 K 線的不同型態和趨勢，來判斷股價未來走勢。以下是酒田戰法中常見的買進和賣出訊號：

（1）當 K 線出現明顯的反轉型態，如「錘子」、「倒錘」、「十字」等，且此時市場處於下跌趨勢，可以視為買進訊號。

（2）當股價從移動平均線下方突破移動平均線，且成交量增加，往往是一個強勢的買進訊號。

（3）當 K 線出現明顯的反轉型態，如「吊人」、「長上影線」、「跳空」等，且此時市場處於上漲趨勢，可以視為賣出訊號。

（4）當股價從移動平均線的上方跌破移動平均線，並且成交量

也有所減少時，這往往是一個弱勢的賣出訊號。

以上各種學派及理論看似並無直接關聯，實際上是可以融合並用的，這也是我創造的新式型態學獨特之處。

莎拉投資小教室

截長補短的新式型態學

對新式型態學來說，各家傳統學派是非常重要的根基，我擷取當中精華，綜合出現在新式型態學的立論之中，例如亞當理論的順勢操作、獲利出場及停損的判斷方式；道式理論的 3 段趨勢及量價關係；合併波浪理論及雞蛋理論的初升段、主升段及末升段等各區段的辨別；用葛蘭碧的股價與移動平均線各種變化來判斷走勢，最後是酒田戰法的多空 K 棒組合，可預判起漲起跌。

| 1-2 |

新式型態學 5 大優勢
操作更靈活

新式型態學標榜的是融合了傳統技術分析的優點，納入量價、均線理論及各種 K 棒型態，並深入改良操作上的缺失，以新式紀律來平衡心態，是一注重科學邏輯、廣納綜效、去蕪存菁的進階操作技法與心法。

同時，我將獨家觀點透過程式篩選出起漲、起跌的選股組合，是在股市中追求穩定獲利的最佳方程式。這個單元來說說新式型態學與傳統操作的 5 大差異點，包括：規劃方向、K 線的應用、判別起漲的方式、單一或多元操作、多種工具的組合搭配等項目。

規劃方向 ▶ 傳統技術分析：單向規劃

坊間技術分析講求趨勢，不管是短線趨勢或長線趨勢，尤其短線都是以單向來規劃操作，且經常設定所謂的目標價。所謂的單向規劃，就是單一方向，做多就只看多，空方亦然。

這種方式最大的問題在於，萬一看錯方向的時候，觀念不容易立即扭轉過來，會錯失了最佳的停損點。一直等到災情越來越擴大，才考慮停損的時候，正好賣在阿呆谷（最低點）。

我在教學這 2 年間，遇過無數同學，尤其是在操作台指期的時候，最常發生這種現象，分享各位一個實際案例。2023 年 5 月中到 7 月中時，台指期盤後位置在 15,500 ～ 17,000 點，漲幅近 1,500 點，2023 年 5 月 29 日，有位同學發來求救訊息：「某水準很低、自稱『老師』的人，帶大家放空台指期，結果一路被嘎上天，到了短線相對高點時，竟然才要停損。」

還有一次是 2024 年的 2 月底、3 月初，另一位帶大家在 19,000 點放空台指，結果一路被嘎到 20,900 點，還無限攤平。後來我用新式型態學的規劃方式，分別提供苦主們一些想法，事後驗證，最終少賠非常多錢。

主要的原因在於，傳統技術分析一旦看錯方向，又不及時停損的話，遇到指數的所有短分 K（1、5、15、30、60）跑成同方向時，也就是所謂的多頭開花，就有可能發展成為一大段漲幅

的可能性。再者，**當趨勢形成，技術指標容易失靈**，好比高檔鈍化的出現（圖表 1-2-1），要如何判別反轉訊號，這用傳統技術分析的方式去看，會有盲點，但新式型態學會搭配更多濾網來規避掉風險。

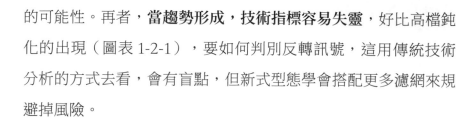

莎拉投資小教室

KD 指標鈍化

高檔鈍化為技術指標 KD 值高於 80 以上很長一段時間，而價格持續墊步向上；反之，低檔鈍化為技術指標 KD 低於 20 以下很長一段時間，而價格持續破底向下。

圖表 1-2-1　　台指期盤後走勢

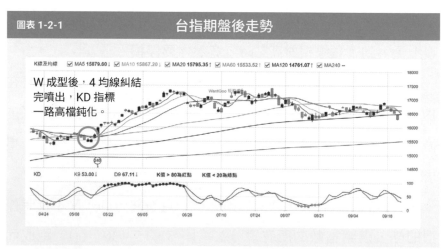

資料來源：玩股網

規劃方向 ▶ 新式型態學：雙向規劃

在新式型態學裡，講求的是雙向操作的規劃，**不特別預設立場，多空 2 個方向都要考慮，也就是 A、B 方案的概念**。如果指數走出 A 型態，我們就做出相應於 A 的動作；如果指數走出 B 型態，我們就做出相應於 B 的動作。

以上面的例子來說，就是萬一當時 W 型態走完，K 棒突破頸線，又過前波高點，那麼就是新的一波走勢展開，你應該下多單；但如果以當時週線頭上有壓，碰撞壓力後續卻沒過的話，那就反手下空單。再次強調，雙向規劃的好處，是讓你心裡有底，可以游刃有餘地面對各種情況的發生，而且保持心態具有灰色地帶，不會一意孤行。

除了雙向規劃的概念，甚至要加上動態調整來輔助，型態是瞬息萬變的，尤其這幾年消息面對於型態的干擾，有時候當方向被破壞時，必須及時做出決斷，分批停利或對鎖，甚至是停損。

K 線的應用 ▶ 傳統技術分析：以固定分 K 為主

一般我們常聽到看盤都以日線為主，除了當沖派會看 5 分 K，以及少數看 60 分 K 之外，沒有人會強調短分 K 的重要性。但只看日線的問題在於，很多細節沒有辦法在第一時間掌握，這也導致了有時會錯失真正的起漲位置，若之後再依量能追進，風

險會加大。尤其我常舉例台指期,許多轉折反轉的關鍵,必須要
藉由短分 K 才能在第一時間抓到。

K線的應用 ▶ 新式型態學:短分 K 為操作特色

　　新式型態學與一般傳統技術分析最大的差異之一,就是我採
用了短分 K 來回觀察的操作法。除了長線操作的投資人,用日、
週、月長天期的規劃之外,**短線的投資人,在操作上利用短分 K,
可以同時間玩當沖、隔日沖、極短波以及波段,互相搭配,靈活
度非常高。**

　　所謂的短分 K 就是 1 分、5 分、15 分、30 分以及 60 分。
很多人會疑惑說,為什麼需要看到這麼多的分 K?當我們長期
處在舒適圈當中,習慣了原有的操作手法,會覺得看這麼多分 K
令人頭昏眼花。但這看似困難的事,如果你願意真正了解短分 K
在每一個階段所包含的意義,加上多反覆練習,就會變得像喝水
一樣輕鬆自在。

　　至於短分 K 的操作手法,會在後面的章節中詳述。

判別起漲方式 ▶ 傳統技術分析:起漲看量

　　老派的技術分析高手,非常重視量能,因此在判斷起漲的時
候,一定看大量出紅 K 來決定起漲。當起漲出量,你再去參與

行情，比較不會因為無謂等待而浪費時間，這樣的觀念絕對是非常正確。

　　但往往這只是教科書的標準答案，實戰上，你發現當出量時已經是形成 1 根大紅 K 棒，過去追大紅 K，後面連續拉高向上的機率確實高，但近幾年主力操作的手法，已有更新。所以，用過去的方式來評估而進場，容易吃損，尤其是隔日沖。除非採用出量上攻後等回測，前波頸線不破再進場的方式，就有明顯改善。

　　以上無論如何都是已經出現攻擊訊號才入場的方式，總是慢了半拍。

判別起漲方式 ▶ 新式型態學：起漲看型態

　　新式型態學的觀點來看，起漲位置，如果從型態來辨別，可以走在最前面，並不需要等出量攻擊才能辨識。過往我曾經在一個高手群裡，每天我們要分享做功課的成果。有時我貼出來的股票，大家都會感到很疑惑，會問量也沒出來，籌碼這麼爛，為什麼會選這些？但往往隔天就噴出了。

　　原因在於新式型態學會去看多重濾網以及非常細微的分 K，甚至會使用到型態對比以及扣抵的觀念。後期，我還發展出很多怪招，都是從傳統技術分析衍生出來，但之前沒有人特別去強調的技法，在本書中都會一一揭示。

操作單一論 vs 多元論

所謂的操作單一論以及多元論，在這裡指的是，市面上各位會看到很多操作派別，基本面至上的，比例最多；剛剛提到特別注重量價關係的也自成一派，還有只看裸 K，或搭配一條均線操作的，也是一派。當然更多的是看新聞、聽消息面，取得內褲線消息的一派。這些派別所堅持的操作精神，都是好的，但相對而言是比較單一取向。

對於新式型態學來說，我們走的是多元論的路線。換言之，**不管是技術分析裡的 K 棒組合、均線型態、量價關係、法人籌碼，甚至基本面、消息面，所有的條件都納入其中。**

這種多重濾網的好處是，應用各個面向的條件，做一個綜合的判斷，並不完全仰賴單一面向，因為有的時候可能會掛一漏萬。既然我們希望在這個市場裡擁有高獲利率及高勝率，加入多重濾網是不是離這些終極目標更進一步？

多種工具的組合搭配

除了多重濾網的使用，新式型態學還有一項更迷人的特色就是，建議各位利用多種工具來做操作上的組合搭配。

如果各位有在收看或收聽理財節目，應該常聽到一種論調，告訴你操作現貨的好處，但是千萬不要碰期貨、選擇權，似乎這

些金融衍生性商品是十分萬惡不赦的。**但是他們沒有告訴你的是，如果你擁有正確的操作觀念及好的操作技法，這些工具可以將你的資金運用在最安全的情境下，調整放大到最理想的配置。**

好比在大盤好的時候，你可以使用現股，搭配融資加權證來參與多頭行情；大盤差的時候，可以利用空大盤、選擇權或個股期貨來保護你的多單，同時，挑選好的可轉債商品來另類存股。

前提是你要真正懂得利用新式型態學的技法，買在起漲，或空在起跌的位置，再加上多種工具的使用，操作上就可達到事半功倍之效（受限於整本書的篇幅，各種工具的操作希望有機會放在下一本專書中呈現）。

總結以上提到新式型態式學的內涵，其中與傳統技術分析對比的部分，整理在圖表 1-2-2 中，讓各位能夠一目瞭然兩者之間的 5 大差異。

圖表 1-2-2	新式型態學 vs 傳統技術分析 5 大差異
傳統技術分析	新式型態學
單向操作	雙向規劃
日線為主	各週期由長到短來回切換
以量能為主，追強勢突破	買在起漲點
純技術分析	多元論
現股為主	多種工具：台指期、選擇權、權證、個股期貨、可轉債等

型態為王、籌碼為后
抓住主力動態

新式型態學在操作上，另一個重點是籌碼，重要性僅次於
型態。

投資人通常會關注幾個特定的籌碼資訊時間點，像是操作台
指期為主的人，會觀察外資的台指期未平倉量，有分日盤及夜
盤，還會加入選擇權作為輔助；而下午 5 點過後則是個股的重頭
戲，證交所會公布個股相關的籌碼資訊，通常我會利用「籌碼 K
線」軟體搜尋我持股的籌碼狀況。

在觀察籌碼上，傳統技術分析和新式型態學有什麼不同呢？
以下來說明。

圖表 1-3-1	重要籌碼資訊公告時間	
時間	發布者	發布項目
下午 3 點	期交所	外資台指期未平倉量
下午 3 點	證交所	外資對大盤的買賣超
下午 3 點	證交所	三大法人個股買賣超
下午 6 點	證交所	個股主力買賣超

資料日期：2024/5

操作週期長短 影響籌碼觀察方向

一般正統的看法是，主力買賣超影響股價漲跌，因此可以從前 10 大買超券商和賣超券商的每日進出動態來判斷。

主力買賣超的統計方式，以「籌碼 K 線」為例，會列出個股每天買超前 15 名，和賣超前 15 名的券商分點。既然是前 15 大，代表是買賣雙方的主力，對股價的影響程度相對大，所以稱為主力券商。

接著把主力券商的買賣超張數加總，所得出的結果若是買超大於賣超，代表買方的主力力道較強，股價上攻的機會增加；反之，若賣超大於買超，代表賣方的力道較強，股票下跌的機率較高（圖表 1-3-2）。

另外，根據操作的週期長短，也會從不同的統計天數去加以判斷，**如果是做短沖、隔日沖，最近 1 ～ 3 日的籌碼變動就格外**

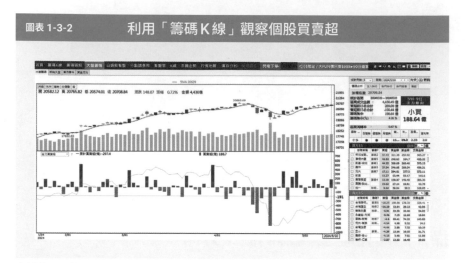

資料來源：籌碼 K 線

有參考價值。若是做小波段，就會去看至少 20 日到 1 季的累積籌碼。

　　主力買進或賣出股票是有一定根據的，只是每個主力考量的角度不同。有些是從基本面看，因此可能做長天期的布局，好比外資如果看好某檔股票有未來性，通常吃貨時間不會只有幾天而已，很可能是以月來計。甚至長天期的投資者，會更建議去搭配參考大戶持股比率，通常大戶占比遠高於散戶的股票較有人顧，當要拉抬時，也會比較有施力點。

　　但這些都不是絕對，因為真正要起漲與否，還是看型態為優先。

莎拉投資小教室

什麼是大戶持股比率？

一般而言，持股超過 1,000 張以上的股東會被歸類為大戶。大戶主要是外資、公司大股東或公司內部人。由於他們對公司經營狀況有較深入的了解，大戶持股動態可能成為股價走勢的先行指標。

市場上，大戶持股比率高被視為正面信號，因為大戶不太可能希望手上的股票虧損。因此當大戶持股比重越高，意味著籌碼越集中，大戶的影響力也就越大，容易影響或推升股價。

籌碼可能被混淆 只須抓住大方向

當然，除了我們上面提到的正統觀察法，法人籌碼在過往的資料比較沒有像現在這麼公開透明，但隨著網路及科技的發達，線上垂手可得相關資料，讓我們在操作時，能方便獲取籌碼面的資訊。

但這也是兩面刃，因為既然散戶都能輕易追蹤主力大戶的籌碼，難道主力大戶不會想辦法制衡嗎？於是乎衍生出許多手法，好比從 A 券商進場，然後將 A 券商的股票匯撥到 B 券商，因為匯撥無需成本，之後在 B 券商出脫。如此製造了 A 券商只有買進、沒有賣出，籌碼穩定的假象，換言之你根本無法辨識籌碼真正的流向。

所以我在評估一檔個股短線籌碼時，我只看總方向，短線是偏多還是偏空，再搭配型態做進一步確認。另外就是特別觀察幾個分點動向，好比隔日沖的主力當日成本，或是我會仔細觀察幾間操作勝率高的券商，只要持股有這些分點介入，操作起來就會相對更有把握。

搭配基本面 並用消息幫你抬轎

順帶一提的是，許多人篤信基本面及消息面，不相信技術分析的威力，如果放在走多頭時期的市場時，好比 2020 年 3 月到 2022 年初近 2 年的大多頭行情，人人都是股神，每天市場都充斥好消息，只要基本面好的股票，基本上在上升趨勢的洪流中，追高到最後一樣會解套賺錢。

但時序推演到 2022 年及至 2023 年初，因為大盤漲高而陸續回檔，股市開始一片哀鴻遍野，個股即使基本面再好，好消息一直出，也會被當成利多出盡。原因就在於股市不會永遠漲不停，總有回檔走空頭段的時候，型態不對、籌碼不對才是真正關鍵。

但這並不表示基本面及消息面就不重要，在新式型態學裡，多重濾網的重要性，就是廣納各種條件，但不會是唯一標準。股票波浪的循環理論總有高低起伏，重點是基本面與消息面發出的

時機，會成為助攻股價漲跌的因素之一。這個部分的運用方式，
後面單元會特別解說。

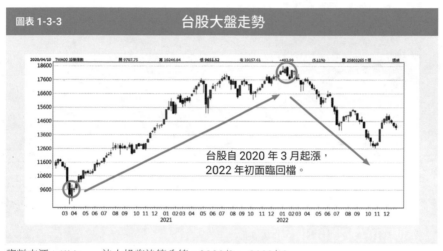

圖表 1-3-3　台股大盤走勢

台股自 2020 年 3 月起漲，
2022 年初面臨回檔。

資料來源：CMoney 法人投資決策系統，2020/3 ～ 2022/12。

「複利是世界第 8 奇蹟，了解它的人可從中獲利，
不明白的人將付出代價。」

——科學家 愛因斯坦

02

新式型態學基礎入門 1：
新舊融合的運用

本章非常適合新手閱讀，因為我從最基本的 K 棒引領讀者進入技術分析的世界，一直到酒田戰法的組合 K 棒教學，以及均線的基本理論，此兩者是基礎型態學的兩大基石。

後半段則是畫出趨勢線、技術指標改良運用、量價關係及短分 K 使用的各種輔助濾網教學，並附上相關案例，方便與實戰聯想。

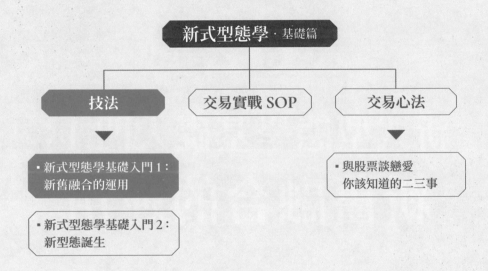

| 2-1 |

認識 K 棒型態
學會判斷多空

開始我們就提到新式型態學是源於傳統的技術分析，若要將技術分析的基礎打好，必須要從頭學起，那麼從頭學起的第一步一定是了解 K 棒。**以下這一段是給初學者看的，如果你是老手了，可以跳過忽略喔！**

一般我們說的 K 棒，也稱為 K 線、蠟燭線，起源於日本德川將軍幕府時代，即《酒田戰法》作者本間宗久。起初為了研究米市行情，他利用 K 棒來記錄稻米每日的交易價格變化，並透過 K 棒上下起伏變化來掌握米價動態，為此賺進大筆財富。

之後 K 棒被廣泛運用在各類市場的交易，用來掌握價格變動的趨勢，進而讓我們有了投資進出場的判斷依據，以下帶大家

來認識基本 K 棒怎麼判讀。

紅、黑K棒 組成千變萬化型態

　　單一 K 棒總共分為 2 種，紅 K 棒及綠 K 棒（或稱黑 K 棒），
結構又細分為實體和影線（圖表 2-1-1）。

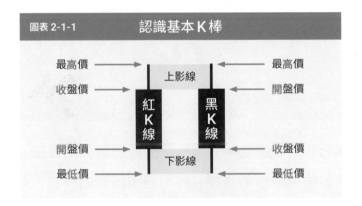

圖表 2-1-1　認識基本K棒

最高價 → 　　上影線　　 ← 最高價
收盤價 → 　　[紅K線]　[黑K線]　 ← 開盤價
開盤價 → 　　下影線　　 ← 收盤價
最低價 → 　　　　　 ← 最低價

　　當日出現 1 根完整紅 K 棒時，實體部分呈現紅色，表明了
當日收盤價高於開盤價，買盤力道大於賣盤，意即市場看好，買
進股票的人多於賣出的人；相對的，當日出現 1 根完整綠（黑）
K 棒時，實體部分呈現綠（黑）色，表明了當日收盤價低於開盤
價，賣盤力道大於買盤，意即市場看壞，賣出股票的人多於買進
的人。

　　此外，盤中股價會有上下起伏，上影線的頂端表示當日的最

高價格，下影線的底部則代表當日的最低價格。

紅 K 棒的 4 種型態

　　不同型態的紅 K 棒，在解讀上有不同意義，以下逐一說明（圖表 2-1-2）

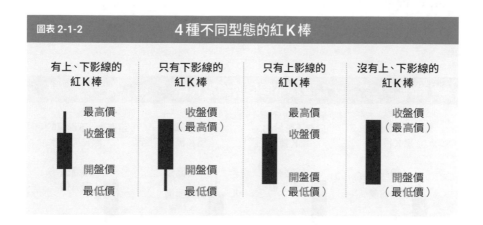

圖表 2-1-2　4 種不同型態的紅 K 棒

有上、下影線的 紅 K 棒	只有下影線的 紅 K 棒	只有上影線的 紅 K 棒	沒有上、下影線的 紅 K 棒
最高價 收盤價 開盤價 最低價	收盤價 （最高價） 開盤價 最低價	最高價 收盤價 開盤價 （最低價）	收盤價 （最高價） 開盤價 （最低價）

　　▪ **帶有上下影線的紅 K 棒**：這種 K 棒的影線代表多空正在拉鋸當中，但買方稍占上風。

　　▪ **只有下影線的紅 K 棒**：這種 K 棒的影線代表著股價跌下去，在底部有人承接買起來，表示買方占優勢。下影線越長，表示力道越強勁。要注意的是，只有一種情形下，就是位階在相對高檔時，要注意可能是主力準備出貨，尾盤拉起來，實際上接下來幾日有可能要進行邊拉邊出的手段。

　　▪ **只有上影線的紅 K 棒**：這種 K 棒的影線代表著股價攀高遇到壓力回落，買方攻擊力道出現受阻的情形。

　　▪ **沒有上下影線的實心紅 K 棒**：代表著多方完勝，通常在實務上來說，隔天應有更高的高點出現。

黑 K 棒的 4 種型態

　　不同型態的黑 K 棒，在解讀上也有不同意義（圖表 2-1-3）。

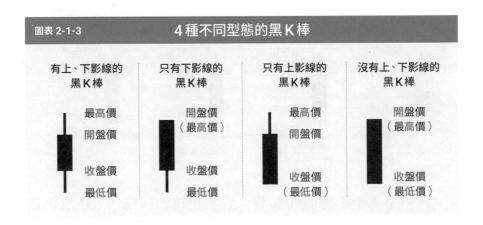

圖表 2-1-3　4 種不同型態的黑 K 棒

有上、下影線的 黑 K 棒	只有下影線的 黑 K 棒	只有上影線的 黑 K 棒	沒有上、下影線的 黑 K 棒
最高價 開盤價 收盤價 最低價	開盤價 （最高價） 收盤價 最低價	最高價 開盤價 收盤價 （最低價）	開盤價 （最高價） 收盤價 （最低價）

　　▪ **帶有上下影線的黑 K 棒**：這種 K 棒的影線代表著多空正在拉鋸當中，但賣方稍占上風。

　　▪ **只有下影線的黑 K 棒**：這種 K 棒的影線代表著股價跌下去，在底部有人承接買起來，顯示賣壓有緩和跡象，但仍舊是空方占優勢。

▪ **只有上影線的黑 K 棒**：這種 K 棒的影線代表著股價攀高遇到壓力回落，買方不敵賣壓，一路摜低下來，視為空方優勢。

▪ **沒有上下影線的實心黑 K**：代表著空方完勝，通常在實務上來說，隔天應有更低的低點出現。

● 無實體 K 棒的各種型態

同樣的，無實體 K 棒也可以分成 4 種型態解讀（圖表 2-1-4）。

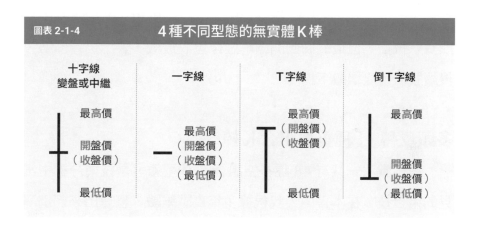

圖表 2-1-4　**4 種不同型態的無實體 K 棒**

▪ **十字線**：開盤與收盤位置剛剛好一致，盤中有出現拉踞，但收盤價最終回歸到開盤位置，**這種 K 棒有 2 種意涵：一是大家常聽說的變盤線（反轉訊號）；另一種是所謂的中繼線**，意即股價來到這個位置，稍作休息，之後再接續同方向攻擊。這類型 K 棒必須搭配前後 K 棒來看，會更為明顯。

■ **一字線**：開盤即收盤，此為非常強勢的訊號，通常出現在開盤一字漲停或跌停。

■ **T 字線**：開盤下殺到一位置，開始出現買盤，一路拉升到收平盤。這種 K 棒也有 2 種意涵：**如出現在低檔處，表示有機會成為短線低點，後續將反轉；另一種出現在相對高檔位置，形成所謂的吊人線，是主力慣用的欺敵戰術，預告即將反轉向下。**

■ **倒 T 字線**：形狀即為反過來的 T 字，在高檔形成名為避雷針，或天劍線，後續有機會反轉向下；如出現在低檔，盤中雖然有意拉抬，但最終回到開盤附近位置收最低，表示仍舊弱勢，後續股價可能繼續下探。

多頭反轉 11 種重要組合 K 棒

酒田戰法一共有 48 種多空組合 K 棒型態，是技術分析中常見的組合技。在本書中，我根據多年實戰經驗，整理出來判別率高、勝率高，也是與新式型態學搭配使用的幾項，進行詳細解說，至於其他組合，有興趣的讀者可以自行研究。以下先就多頭反轉，新式型態學常用的 11 種 K 棒組合作說明（圖表 2-1-5）。

● 多頭反轉型態①：鎚子

■ **型態特徵**：鎚子顧名思義就是一根頭大大、有長腳，像鎚

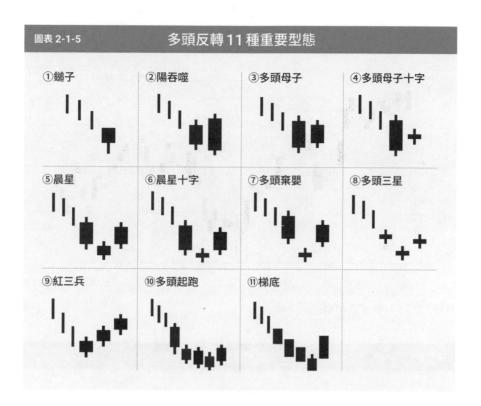

圖表 2-1-5　多頭反轉 11 種重要型態

①鎚子　②陽吞噬　③多頭母子　④多頭母子十字

⑤晨星　⑥晨星十字　⑦多頭棄嬰　⑧多頭三星

⑨紅三兵　⑩多頭起跑　⑪梯底

子的 K 棒造型。

　　▪ **型態說明**：如果出現在個股，K 棒通常在一個連續下跌段後，出現一根鎚子，不一定帶量；或關鍵 K 棒如果出現在台指，通常還伴隨出量的話，後續有機會在短線做出反彈，圖表 2-1-6 是實際的線圖範例，聯電（2303）在連續下跌階段之後，出現了帶下影線的紅 K 棒，意味著它來到相對低檔位置，有人在底部做承接的動作。

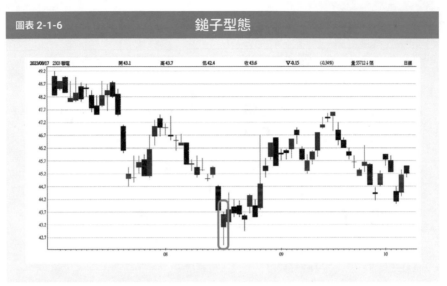

資料來源:CMoney 法人投資決策系統

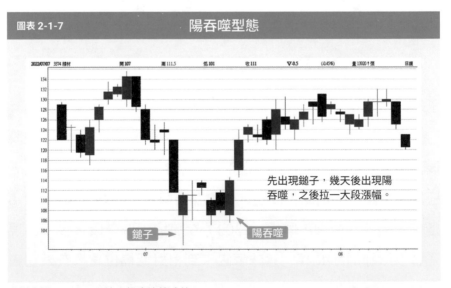

先出現鎚子,幾天後出現陽
吞噬,之後拉一大段漲幅。

鎚子 →

陽吞噬

資料來源:CMoney 法人投資決策系統

● **多頭反轉型態②：陽吞噬**

▪ **型態特徵**：連續下跌段出現黑 K 棒緊接一根大紅 K 棒，將前一根黑 K 頭尾完全包覆起來的型態。

▪ **型態說明**：這種「紅吃黑」的組合 K 棒，除了紅 K 棒實體夠長，還必須將黑 K 完全包覆，才是標準的陽吞噬型態。圖表 2-1-7 中，精材（3374）在 2022 年 7 月 7 日出現鎚子、2022 年 7 月 14 日出現陽吞噬，之後拉出一大段漲幅。

● **多頭反轉型態③～④：多頭母子、多頭母子十字**

▪ **型態特徵**：多頭母子及多頭母子十字可以放在一起來看，原理都是一根長黑 K 包一根小紅 K 棒或十字。

▪ **型態說明**：雖然型態上訊號不如陽吞噬來得強烈，但也是預表即將反轉向上的圖形，表示有機會不破低，等待後續向上表態（後續不一定是長線走多，有時是短波）。

● **多頭反轉型態⑤～⑧：晨星、晨星十字、多頭棄嬰、多頭三星**

▪ **型態特徵**：這一組在型態上也是非常類似，所以可以歸成一類來了解，原理都是連續下跌階段，某天出現開盤跳空向下，但後續卻拉回收小紅 K 棒或收十字星，重點是第 3 天開盤必須呈現跳空反轉向上，才完成這個型態的初步反轉訊號。

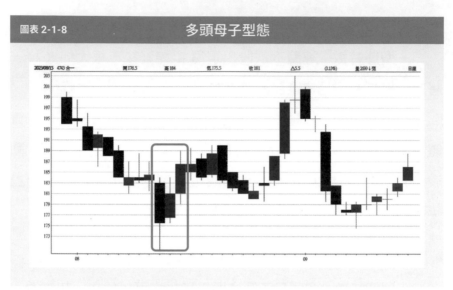

資料來源：CMoney 法人投資決策系統

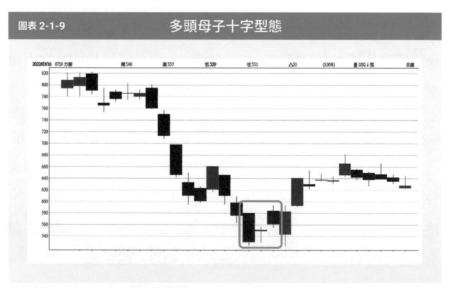

資料來源：CMoney 法人投資決策系統

▪ **型態說明：**所謂的晨星，比喻清晨的明亮星星，有提前暗示後續反轉向上的意涵，這種型態必須關注的是第 3 根，很多人在出現第 2 根小紅或十字時，就判斷是晨星，這是很危險的，因為第 3 根如果繼續向下，代表型態失敗。

另外，晨星十字跟多頭棄嬰的區別很微妙，差別在於 K 棒之間是否有重疊，多頭棄嬰是完全沒有重疊的跳空；晨星十字則是影線有互相重疊之處。

從圖表 2-1-10 ～圖表 2-1-13 可以看出，出現這類型的型態後，有些出第 2 隻腳緩步攻堅，有些直接 V 轉，形成強勢反攻。

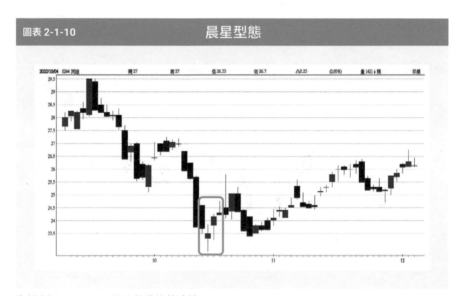

資料來源：CMoney 法人投資決策系統

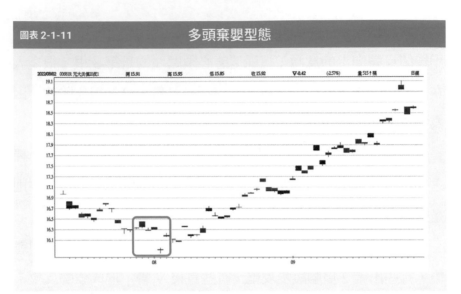

圖表 2-1-11　多頭棄嬰型態

資料來源：CMoney 法人投資決策系統

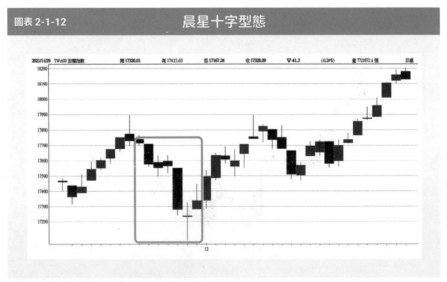

圖表 2-1-12　晨星十字型態

資料來源：CMoney 法人投資決策系統

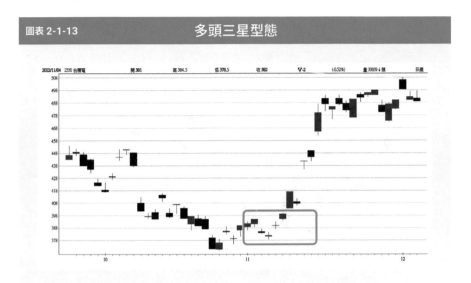

資料來源：CMoney 法人投資決策系統

● 多頭反轉型態⑨：紅三兵

▪ 型態特徵：連續下降型態後，開始出現連續的 3 根小紅 K 棒，最好帶小跳空，影線之間可以重疊，後續容易出現大漲。

▪ 型態說明：價格已來到底部振盪，空方市場收斂，多方利用小拉抬測試，形成 3 天連續上揚局面。紅三兵頭頭高、底底高的型態，若伴隨之後的力量不斷釋放，將會形成第 4 根噴發的大紅 K 棒，或連續上漲的態勢。

新 式 型 態 學

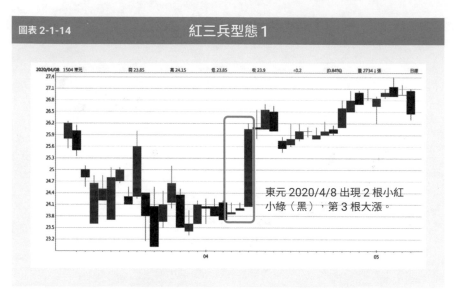

圖表 2-1-14　　紅三兵型態 1

東元 2020/4/8 出現 2 根小紅
小綠（黑），第 3 根大漲。

資料來源：CMoney 法人投資決策系統

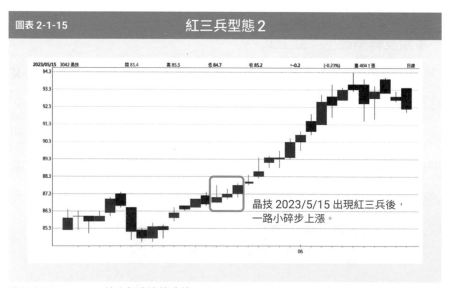

圖表 2-1-15　　紅三兵型態 2

晶技 2023/5/15 出現紅三兵後，
一路小碎步上漲。

資料來源：CMoney 法人投資決策系統

> **莎拉投資小教室：新式型態學應用改良**
>
> **1. 連二連三皆成立**
>
> 　　傳統技術分析也就是教科書上的型態是 3 根小紅 K，才稱之為紅三兵，但根據多年的實戰經驗，通常在大盤盤勢較弱時，主力可能連 2 根小紅 K 後，就會進行拉抬，不一定會等到第 3 根後才發動。
>
> **2. 頭高底高符合即可**
>
> 　　除了標準的小紅 K 棒，其實只要是符合頭頭高、底底高的規則，即使是小綠 K、十字線參雜其中，也不影響其效果。至於 K 棒的實體多短才是所謂的小紅小綠，原則上不超過 1% 漲幅都可算是短實體。

● 多頭反轉型態⑩：多頭起跑

　　▪ **型態特徵**：在連續的下降軌道行進後，開始出現紅綠交錯的小 K 棒，型態上已不再破底，類似賽跑前的小墊步動作。

　　▪ **型態說明**：價格已來到底部振盪，通常大部分股票在走完下降軌道後，不見得立即 V 轉，而是轉為橫向盤整，當盤整數日出現紅 K，越過了下降軌道最後一根黑 K 的高點時，後續有機會噴發。圖表 2-1-16 中，合一（4743）從 2022 年 8 月 2 日起進行多頭起跑樣貌，等 3 短均線集合完畢，8 月 19 日出現撐竿跳長紅棒，將對稱面 8 月 2 日的黑 K 吃掉，配合話題後續一路大漲。

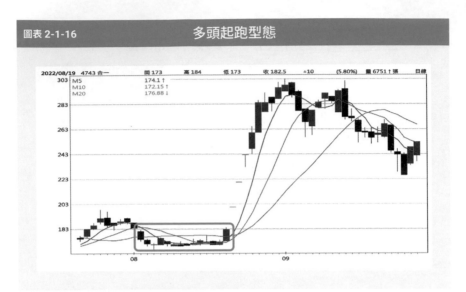

資料來源：CMoney 法人投資決策系統

莎拉投資小教室：新式型態學應用改良

　　多頭起跑的型態，可以搭配新式型態學裡全新發明的撐竿跳型態，兩者相結合可以發揮極大綜效。基於多頭起跑的小 K 棒是在等短均線的快速下降，短均線要相互靠近後，才能再次發動向上，所以多頭起跑後續之所以能一大根向上，就是撐竿跳的原理。

● 多頭反轉型態⑪：梯底

　　▪ **型態特徵**：在連續的下降軌道行進後，開始出現一根大紅 K 棒，型態上急速反轉，很像人踩穩梯子的圖形。

　　▪ **型態說明**：K 棒在相對高位回落時，採取來回洗盤降溫的

動作，型態上很像下樓梯的概念，如用趨勢線將軌跡畫出，可
以隨時觀察何時出現一根反轉紅 K，就是反轉的契機了。圖表
2-1-17 中，愛普（6531）在 2023 年 11 月 2 日下降梯形一破切處，
就是最佳買點，如果是接近收盤時才看到，建議隔天拉回買，可
以買在最漂亮的第 2 起漲點。

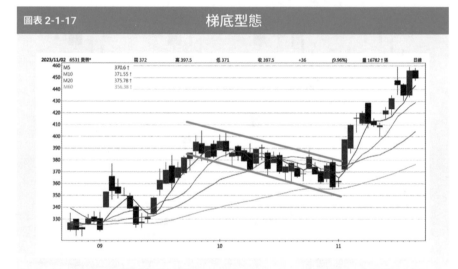

資料來源：CMoney 法人投資決策系統

莎拉投資小教室：新式型態學應用改良

　　除了組合 K 棒本身會說話，在新式型態學裡，要加入多重濾網的概
念，通常梯形下到關鍵支撐位時，就容易進行發動，而關鍵支撐一般會落
在生命線，也就是季線（60MA），因此在下跌末端應守株待兔，待突
破下降軌道剛拉紅時就介入，就可買在第 1 根起漲了。

空頭反轉 11 種主要組合 K 棒

同樣的，新式型態學中，也有 11 種較常用的空頭反轉組合 K 棒（圖表 2-1-18）。

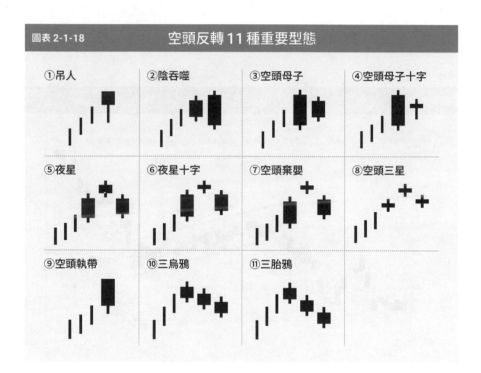

圖表 2-1-18　空頭反轉 11 種重要型態

①吊人　②陰吞噬　③空頭母子　④空頭母子十字
⑤夜星　⑥夜星十字　⑦空頭棄嬰　⑧空頭三星
⑨空頭執帶　⑩三烏鴉　⑪三胎鴉

● 空頭反轉型態①：吊人

▪ **型態特徵**：在連續的上升段行進，尤其是急漲拉抬，短線乖離極大的位置，收盤出現一根長長下影線的紅 K 棒，後續如搭配出現長黑 K 棒，那麼型態便確認。

▪ **型態說明：**通常出現在末升段的走勢，主力連續拉抬獲利拉開，出吊人線為的是騙散戶套在高位，方便其出貨。**有時不會立即 A 轉，也有可能強勢撐盤，以盤代跌，但無論如何，短線至少會有所反應而下跌。**台亞（2340）在 2021 年 11 月 22 日及 12 月 27 日都出現明顯吊人線，此為經典教科書範例（圖表 2-1-19）。但後續差別在於 10MA、20MA 是否有撐，可作為觀察重點。

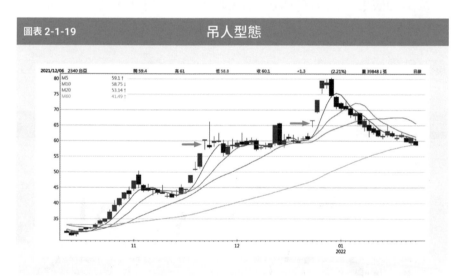

圖表 2-1-19　吊人型態

資料來源：CMoney 法人投資決策系統

莎拉投資小教室：新式型態學應用改良

要確認吊人線出現後，是否會 A 轉的重要秘密在於短分 K 的型態，主要觀察 60 分為主。

● **空頭反轉型態②：陰吞噬**

　　▪ **型態特徵**：在連續的上升段行進，短線乖離極大的位置，收盤出現一根大長黑 K 棒，且將前一天紅 K 棒頭尾完全包覆，視為強烈轉空型態。

　　▪ **型態說明**：通常出現在末升段的走勢，主力連續拉抬獲利拉開，因建倉成本極低，直接不演開殺！這種型態的問題在於上升趨勢的破壞，先前持續創高未延續，反倒跌破高點未站回。廣達（2382）在 2023 年 8 月時，出現多次陰吞噬表現，後續幾天都有跌勢（圖表 2-1-20）。

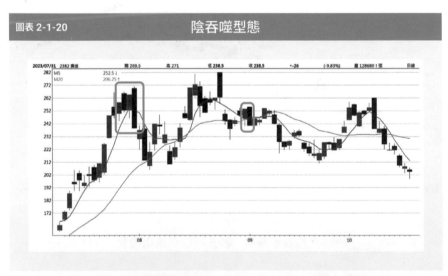

圖表 2-1-20　陰吞噬型態

資料來源：CMoney 法人投資決策系統

> **莎拉投資小教室：新式型態學應用改良**
>
> 此類放空的秘訣可搭配打地鼠的策略進行。

● 空頭反轉型態③～④：空頭母子、空頭母子十字

■ **型態特徵**：此型態也稱為懷抱線，像母親懷中嬰兒。空頭母子在連續的上升段行進，尤其是急漲拉抬，短線乖離極大的位置，出現一根中長黑後，如果隔天再收一根小黑 K，且完整包覆在前一根黑 K 之中，那麼型態便確認。而空頭母子十字的差異在於前一天是大紅 K 棒，但隔天卻是收十字，也是完全包覆的型態，顯示連續上攻力道可能出現反轉訊號。

■ **型態說明**：通常出現第一根中長黑 K 時就要特別警覺，但不見得要立馬出場，下一根才視為關鍵，如果過不了長黑 K 棒一半，代表上漲無力，後續可搭配打地鼠放空，利潤豐厚。以長聖（6712）為例，2020 年 5 月底連續拉抬後，出現空頭母子，後續再也沒過高，一路下挫（圖表 2-1-21）；以元太（8069）為例，2023 年 6 月中旬出現了空頭母子十字，後續高不過前高，連續下跌 20%（圖表 2-1-22）。

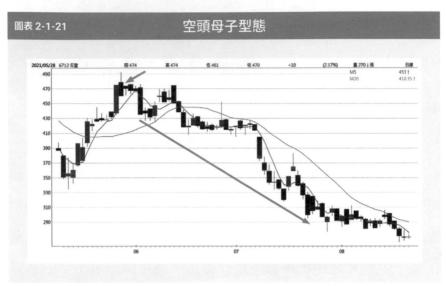

資料來源：CMoney 法人投資決策系統

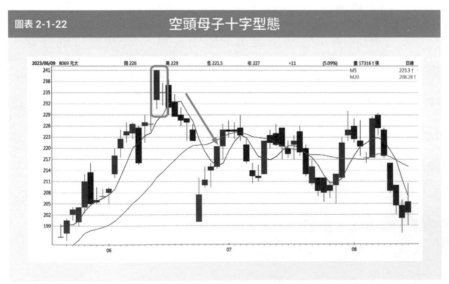

資料來源：CMoney 法人投資決策系統

● **空頭反轉型態⑤～⑧：夜星、夜星十字、空頭棄嬰、空頭三星**

▪ **型態特徵：**此型態我特別歸類 4 個為一組，跟多頭恰恰相反，但都是即將變盤的訊號，相對高位處出現了十字星，預告後勢可能反轉向下。

▪ **型態說明：**漲勢乖離大時，當出現十字就要特別警覺，因為一般認為十字是所謂的變盤線。但不代表需要立馬出場，下一根才視為關鍵，因為十字線除了變盤的意義外，還可能是中繼線，這點需要特別留意。差別就在於第 3 根如果直接開低向下，那就是短線空方型態確立。要注意的是，**所謂的中繼線，僅是多方主力觀望，有時會走出 H 型態，即「大紅＋十字＋大紅」的強烈多方砲攻勢，任意放空容易被嘎飛。**

夜星型態的實際應用，以 2024 年 1 月底緯創（3231）為例，在相對高位出現「長紅＋跳空小黑＋反向開低的黑 K」，後續向下機率高（圖表 2-1-23）。2 月 1 日回補低位，幾乎是回補到最低價，從 60 分看出箱型區間，箱頂放空，來到短底時應該見好就收，反手做多或空手等待（圖表 2-1-24）。

───── **莎拉投資小教室：新式型態學應用改良** ─────

要特別注意，在新式型態學中，位階及短分 K 跳到 60 分 K 確認底下無撐時，才可續空。

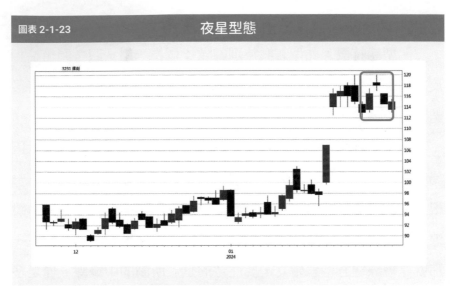

圖表 2-1-23　夜星型態

資料來源：CMoney 法人投資決策系統

圖表 2-1-24　緯創（3231）60 分 K 走勢圖

資料來源：XQ 全球贏家

　　此外，圖表 2-1-25 中，華紙（1905）是很標準的空頭棄嬰，第 2 根十字的影線也都沒有碰到左右 K 棒，形成短線反轉。

　　要提醒的是，**在新式型態學裡，無須拘泥於第 3 根黑 K 的長相，只要把握大原則，是反向開低收中長黑即可**。圖表 2-1-26，創意（3443）在 2022 年 8 月 19 日出現夜星十字 K 棒型態，並不是特別標準，因為並非短十字，但意義上代表的是短線有機會反轉，搭配型態來看，可以留意慣性，打回到長天期均線處就可能收腳。空頭三星出現時通常是強烈反轉徵兆，尤其如果搭配打地鼠破線的情況，後續大跌一段的機率高（圖表 2-1-27）。

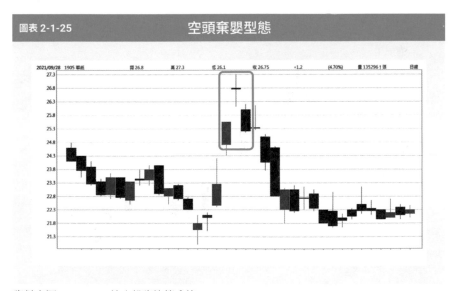

圖表 2-1-25　　空頭棄嬰型態

資料來源：CMoney 法人投資決策系統

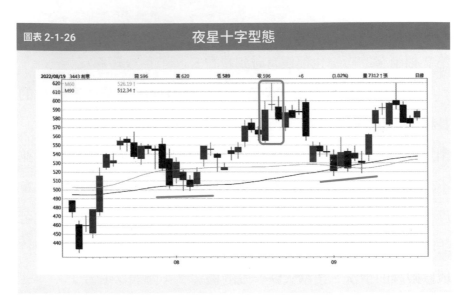

圖表 2-1-26　夜星十字型態

資料來源：CMoney 法人投資決策系統

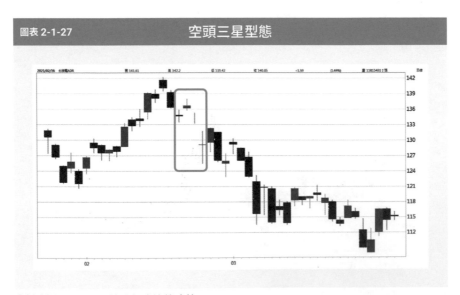

圖表 2-1-27　空頭三星型態

資料來源：CMoney 法人投資決策系統

莎拉投資小教室：新式型態學應用改良

多方砲中有一個強烈多方砲，前 2 根的格局走法，與夜星這類型雷同，因此最理想的進場點會是第 3 根開盤的方向，避免有強嘎空的疑慮。圖表 2-1-28 及圖表 2-1-29，帆宣（6196）及台勝科（3532）就是標準的強烈多方砲，一方面要注意在低檔起漲較容易出現，讀者最容易犯的問題就是位階，不能僅憑 K 棒組合型態決定，必須多方觀察。

圖表 2-1-28　帆宣（6196）股價走勢

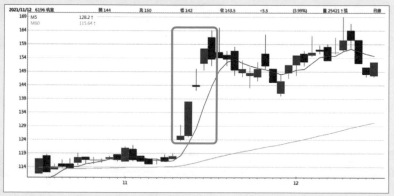

資料來源：CMoney 法人投資決策系統

圖表 2-1-29　台勝科（3532）股價走勢

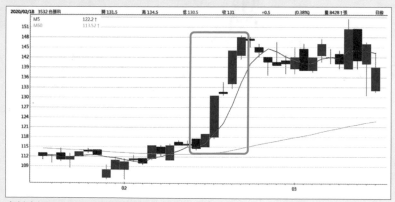

資料來源：CMoney 法人投資決策系統

● **空頭反轉型態⑨：空頭執帶**

　　▪ **型態特徵**：此型態為強烈反轉表態，通常開高後的高點就是當日最高，沒有上影線最為標準，通常還會伴隨放量。一般來說，盤中就應該留意是否有短分 K 破線問題。

　　▪ **型態說明**：通常來到壓力位置區，很容易因為前高套牢的賣壓宣洩，或是創高拉回，只要搭配乖離大的位置，同時確認週線及月線的壓力位置是否正好碰到下降壓力均線，或是布林通道上緣。

　　以台達電（2308）為例，在 2022 年初附近出空頭執帶（圖

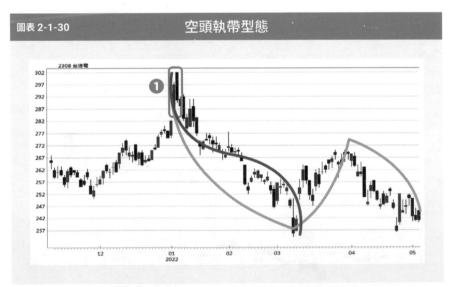

圖表 2-1-30　　空頭執帶型態

資料來源：CMoney 法人投資決策系統

表 2-1-30 位置①），後續一路跌回起漲點，走出翻亞當格局（進階型態學的型態對比，圖表 2-1-30 中藍線），甚至後續走出等幅測距的跌勢（圖表 2-1-30 中黃線）。

● **空頭反轉型態⑩～⑪：三烏鴉、三胎鴉**

▪ **型態特徵**：通常我們將三烏鴉及三胎鴉歸類為同一種型態，皆是高檔附近出現連 3 根小黑 K（幅度最好不超過 1% ～ 2%）。兩者之不同僅在實體 K 棒是否出現重疊現象，差異極為細微。

▪ **型態說明**：短線上漲勢乖離大時，連續紅 K 突然出反轉小黑 K，通常代表主力收手，但因為手上貨很多，不能一次倒出來傷敵傷己，因此會用小碎步的方式，但來到第 3 根後，很容易出一根大跌，原因不外乎將前長紅 K 棒完全吃掉，短線上追高者套牢，而造成的賣壓宣洩。

以廣達（2382）為例，連續拉抬後，連 2、3 根小黑 K 就是三烏鴉型態（圖表 2-1-31），預告後勢看跌。**要提醒的是，如果輔以新式型態學中獨有的打地鼠策略，在均線下彎處放空，有助跌功能。**

圖表 2-1-32 則是三胎鴉的型態範例，圖中台勝科（3532）連續拉抬後，連 2、3 根小黑 K，預告後勢看跌。如果加入新式型態學中獨有的指標負背離技法，可以避免短線被嘎，所以關鍵

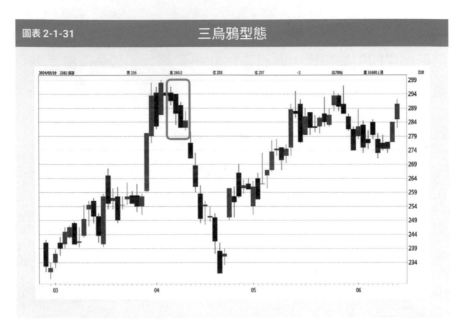

圖表 2-1-31　三烏鴉型態

資料來源：CMoney 法人投資決策系統

莎拉投資小教室：新式型態學應用改良

　　過去酒田戰法是以紅三兵及三烏鴉、三胎鴉來評估型態，但近年來主力手法變化，不宜完全按照教科書形式走，有時走到第 2 根小紅小綠 K 時，會提前第 3 根表態，這是要特別注意的。再者是紅綠 K 不需特別拘泥，只要記得頭頭低、底底低即可。

　　頭頭低、底底低指的是下一根的高點過不了前一根高點，低點卻比前一天還低。

在於掉下來的位置，如果在均線位置撐住，是有可能再衝高一次。此時要看 60 短分 K 的位置輔助。**因此很重要的一個觀念，教科書型態固然好，但並不是時常出現在實戰之中，必須搭配多重濾網，才能確保操作精準！**

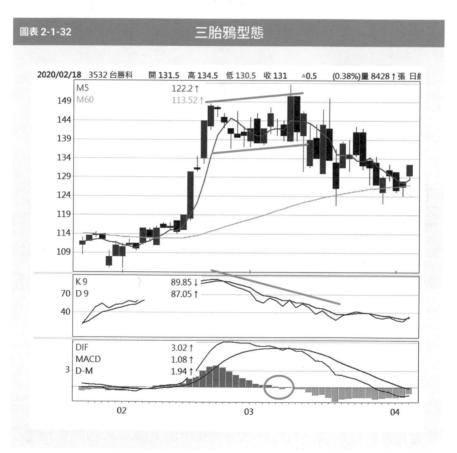

資料來源：CMoney 法人投資決策系統

| 2-2 |

牽狗繩理論
均線與股價重要關係

基礎型態學中的兩隻腳—— K 棒與均線,在上節先介紹完常用的 K 棒組合型態後,接下來是新式型態學中操作的另一大基石,就是均線型態。章節 2-2 及章節 2-3 講述的都是均線的重要觀念。首先是牽狗繩理論,此理論源自於有德國證券界教父之稱的安德烈·科斯托蘭尼(André Kostolany),他在德國投資界的地位,媲美股神巴菲特,是市場上的無冕王。

擁有十多本著作的他,最有名的莫過於《一個投機者的告白》一書,被翻譯成 7 國語言之多,科斯托蘭尼在投資的後半生將所有其操作理論,貫注於書中,在市場上廣為人知的牽狗繩理論,對新式型態學形成初期有決定性的影響。

短線操作 特別留意乖離現象

　　一般大家對於波浪理論的運用較為熟悉，但對短線操盤者而言，牽狗繩理論似乎更能抓住起漲起跌的精髓。科斯托蘭尼最初提出牽狗繩理論時，主要是藉此說明公司長期價值與股票價格間的關係，著重在長線規劃。牽狗繩理論中，指出主人用牽狗繩遛狗，主人是用來比喻市場經濟或公司基本面，而狗兒則是用來比喻大盤或公司股價，不論股價漲跌高低，最終都會拉回到主人身邊並調整。

　　前面我說到此理論運用在短線操作似乎更容易帶入，是個人操作經驗，當然也可以放大到長天期均線的走法，端視每個人的操作習慣。

　　另外講到這一段，很多同學總是問，為什麼上課時我的線形範例圖不採用多數人使用的橫式電腦圖例，而是券商軟體直式畫面？我長年操盤僅用手機，很少使用電腦的原因，**除了行動方便外，最重要的原因其實是圖形比例**，這一點跟我本業從事設計有絕大關係。直式畫面在評估乖離時比較有感，橫式畫面較適合中長線操持的人，各位看到這裡不妨拿起手機畫面跟電腦畫面對照一下，就會明白我說的，一般人很難想到這一層（書中採用電腦橫式圖例，不影響對概念的理解，主要考量編排較易閱讀）。

　　這點用在牽狗繩理論上就格外突顯重要性，**因為「乖離」這**

個條件非常關鍵。放眼市場,強調此法運用在操作上的,寥寥可數,但新式型態學卻是經常強調,而且勝率極高。我們先來看看此理論中的幾個重要角色、定義、特性及判別方式。

- **角色:**①生命線,又名主人,一般俗稱的季線,也就是60MA;②3條短均線(3條牽狗繩),分別是5MA、10MA、20MA,最為常用;③K棒,代表狗狗。

- **定義:**就像主人牽狗出去散步,每當狗跑到戶外,會很開心地越跑越遠,但牽狗繩的長度總有其限制。當主人收繩,牠們自然會回到主人身邊。此一過程拿來套用在股票操作上十分貼切,如同當K棒與3短均線、生命線乖離過大,終究會收斂的道理。

這點值得新手同學牢記,股價大部分時間都是區間來回的過程,**除非是遇到短中長線同時多頭噴出,不然沒有漲不停的**,因此我經常耳提面命,股價短線上噴出去勿追,寧可等均線彼此再度收斂出方向時進場,是不是確保勝率提高?

以實際圖例來看,2024年1月16日小台近全60分K圖中,3條短均線隨著K棒與生命線拉出乖離,當乖離越偏越大,最終仍會向生命線靠攏(圖表2-2-1);2024年1月19日台積電(2330)60分K圖中,正乖離越來越大時,同時又搭配著負背離的出現(背離將在章節2-4中詳述),K棒及均線隨之回落(圖表2-2-2)。

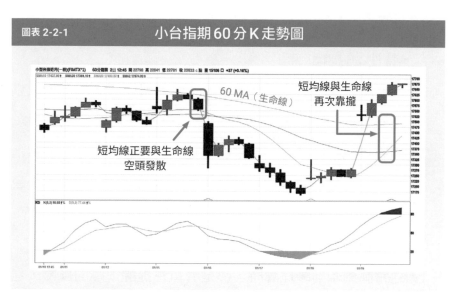

資料來源：XQ 全球贏家

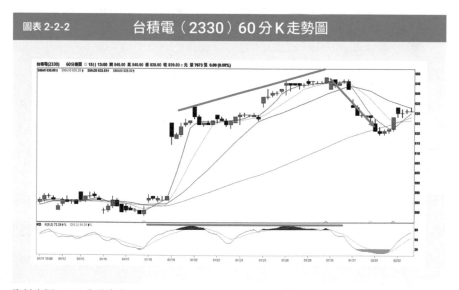

資料來源：XQ 全球贏家

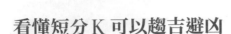

看懂短分 K 可以趨吉避凶

▪ **特性**：說明如下：

（1）月、週、日乃至於所有短分 K，任何週期都適用，差別只在於走的時間長短。

（2）同時搭配指標來看，準確度會更高，避免高（低）檔鈍化發生時，會延長均線收攏的時間。例如圖表 2-2-1 中，台指穿過生命線後，多方攻勢一直延伸，KD 指標鈍化。

▪ **判別方式**：牽狗繩理論在應用時，最重要的兩個部分：

（1）通常講到牽狗繩理論時，都是著重在提醒乖離的風險，但大家忘了起漲時，正是幾條均線匯聚在一起，同時向上開花，如果能把握主人放狗出去的第一時機進場，那麼是不是買在風險相對最低的地方？起跌亦然。

（2）回到風險的議題，如果看得懂短分 K 乖離過大，就不會去過度追高或殺低，因為乖離大時肉變少了，獲利空間被壓縮，而且隨時有下殺（反彈）的風險。

　　最後是牽狗繩方向性的問題，這是很容易被忽略的一項，以圖表 2-2-3 為例，這是 2022 年大盤走勢，A、B 兩處雖然牽狗繩有回到主人身邊，但並不表示就一定會開始往反方向發展，直到 C 處才真正突破生命線 60MA，因此在操作上新式型態學講求亦步亦趨地觀察，分段規劃執行方為上策。

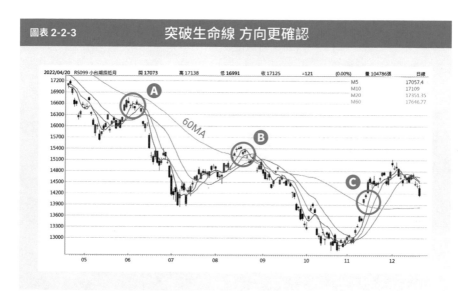

圖表 2-2-3　突破生命線 方向更確認

資料來源：CMoney 法人投資決策系統

| 2-3 |

點和點連一線
畫出趨勢線找飆股

趨勢線的畫法對於許多投資人來說是個頭痛的問題,坊間有專門以畫線為操作主軸的名師,非常講求線及點位的精準。

但我必須說,**新式型態學講究的是當下的大趨勢方向,我主張不需要太過精準**,舉例來說,過去傳統技術分析當道時,台灣股市相對單純,技術分析的準確度不容易動搖,但現在滿街都是達人網紅,更別提投顧老師、主力群,尤其加上科技日新月異,通訊軟體聚眾操控短線股價時有所聞,造成現在的個股線圖常常會出現爆大量的極長天線(上影線或下影線)。

當同學問我畫線是否包含影線,我只能說可包可不包,重點

在於用關鍵價位去判別，好比過前高的位置。往往散戶聽了達人網紅、投顧老師的建議入場，競相追逐高點，主力順勢倒貨，此舉造成了型態上容易誤判，畢竟追在高點的張數可能極少，不具代表性。

各位要記住一點，市場是與時俱進的，時代在變、主力手法隨時在變，我們無法墨守成規，要隨時保持彈性，調整作法才是明智之舉。當然畫線的時候，不管包或不包含影線，盡量抓一致性，如果你習慣要包含影線，那麼所有 K 棒高低點就都要連到，如果習慣不包含影線，每個點位連接就都要是去除影線的實體高低點。

點和點連成線 輕鬆畫出趨勢線

要怎麼畫出趨勢線呢？簡單一句話來說，就是畫出點與點之間的連線。找出一段時間的線圖，練習把幾個相對高點連起來，再將同一段時間線圖上的相對低點連起來，**注意，至少要 2 個點以上相連，直線能穿越的點越多，這條趨勢線就越具有參考的價值。**

不過，不是每條畫出來的線都一定具有決定性的意義。畫線的目的是在幫助做型態判斷，應該說所有輔助的技法、資訊，都是為了幫助你正確的判斷型態。

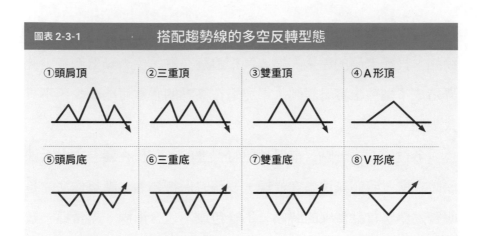

圖表 2-3-1　搭配趨勢線的多空反轉型態

①頭肩頂　②三重頂　③雙重頂　④A形頂

⑤頭肩底　⑥三重底　⑦雙重底　⑧V形底

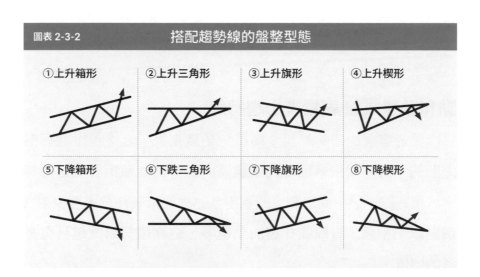

圖表 2-3-2　搭配趨勢線的盤整型態

①上升箱形　②上升三角形　③上升旗形　④上升楔形

⑤下降箱形　⑥下跌三角形　⑦下降旗形　⑧下降楔形

　　說一個故事，在 2024 年 2 月 22 日傍晚，我從「型態學教室」
App 挑選出一檔「N 字勾」個股家登（3680），當作教學範例

分享給體驗群的同學。在我說完的隔天 2 月 23 日（星期五），
家登就以 1 根差 2 檔漲停的紅 K 棒收盤，當下我就畫了趨勢線，
表明如按趨勢，創高拉回的機率大（圖表 2-3-3）。

接著，2 月 26 日（星期一）晚間正好跟口袋證券進行第一
次合作的線上直播，我在近 6,000 人收看的當下，分享這一檔
走勢，果不其然，在大長紅隔天又依照慣性開小高，創高後拉回。
此時我將趨勢線再度畫了一遍，我提到如果慣性延續的話，盡量
等拉回到支撐位不破時再進。結果 2 月 27 日又繼續回測，一切
皆符合規劃，原因就是趨勢線的妙用（圖表 2-3-4）。有興趣的

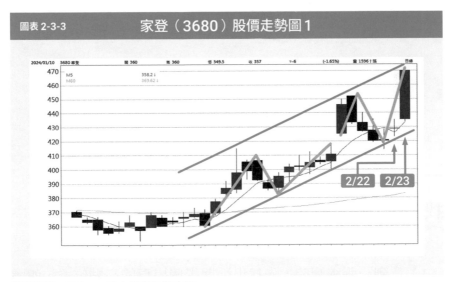

圖表 2-3-3　家登（3680）股價走勢圖 1

資料來源：CMoney 法人投資決策系統

人，可以掃描 QR Code 觀看直播影片。

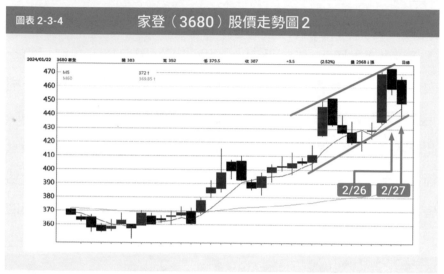

資料來源：CMoney 法人投資決策系統

掃描 QR Code 觀看影片

找出壓力與支撐 判斷趨勢變化

　　以上述的家登為例，我們來一步步拆解趨勢線的畫法。

（1）拿到一張線圖時，先找出近期幾個出現的高點位置，如圖
　　　表 2-3-5 的位置①；

（2）接下來再找出底下幾個低點位置，如圖表 2-3-5 的位置②；

（3）將幾個高點用線連起來，可以畫出上升的軌跡，此處特性像一道隱形牆，似乎每回 K 棒打到上緣就會回落，所以一般稱之為壓力線；

（4）同理將幾個低點連起來，會發現每次 K 棒打到下緣就有撐，所以一般稱之為支撐線。

以家登這段型態來說，可以找到規律，換句話說，當跌破圖表 2-3-5 的趨勢線時，也就是黑 K 破掉第 1 根時，就是短線必須出場的位置。再提醒一次，**點與點之間要連成一條線，至**

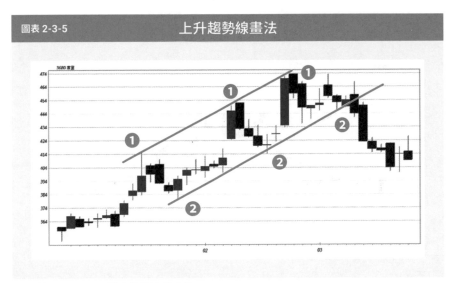

圖表 2-3-5　上升趨勢線畫法

資料來源：CMoney 法人投資決策系統

107

少要有 2 個點，且越多點穿越此線，其有效度越高，前面在定義時有提到！

　　上述是上升趨勢線的畫法，接下來是下降趨勢線的畫法。以亞信（3169）為例，在圖表 2-3-6 中，各位會發現其實下降趨勢只是一個方向，我們要注重的是對整體趨勢的看法，不必太在意點位必須多精準。**要精準地看出進出場位置，最好是搭配短分 K 來判斷，這是新式型態學與一般畫線派的最大差異。**

　　最後在畫趨勢線的第 3 種類型是橫盤區間的畫法，也是利用同樣的作法，盡量觀察相同的高低點位，將其連線。但有時也會

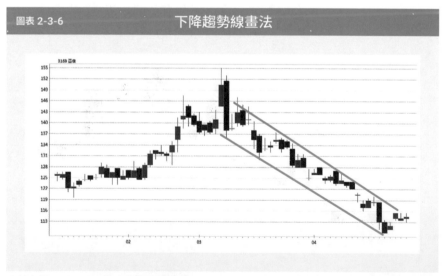

圖表 2-3-6　　下降趨勢線畫法

資料來源：CMoney 法人投資決策系統

出現像緯創（3231）這類同時兼具橫盤及上升趨勢的情形（圖表
2-3-7）。直到 K 棒突破畫線的高低點，不再保持慣性的時候，
就是趨勢線需要重新定義的時刻。

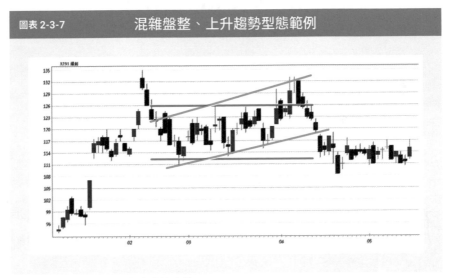

圖表 2-3-7　　　混雜盤整、上升趨勢型態範例

資料來源：CMoney 法人投資決策系統

| 2-4 |

技術指標改良運用
預測股價動向

有別於傳統技術指標被詬病事後論，新式型態學的技術指標改良過的應用方式可以預測未來走勢，不再是看圖說故事。

但技術指標這麼多，新式型態學在操作上化繁為簡，只採用3種指標，分別是：KD 指標、MACD 指標以及布林通道，以下詳細說明。

新式型態常用指標①：KD 指標

KD 指標是 1957 年由美國人 George C. Lane 創立，指標是由 K 值和 D 值 2 個數字組成。KD 指標主要用來判斷目前價格

相對過去一段時間高低區間的波動範圍，通常多數人會運用這些數字高低變化，作為尋找價格轉折的交易訊號依據。

　　KD 指標數值介於 0 ～ 100 之間，其計算公式中有 3 個算式，分別是 RSV、K 值與 D 值，先算出 RSV 值後，再計算出 K 值（快線）、D 值（慢線），這 2 條快慢線會持續發生交錯的情形，交錯時人們可以透過數字、高低位置、死亡交叉、黃金交叉等，當成進出場的參考依據。

莎拉投資小教室

KD 值的計算公式

① RSV ＝（今日收盤價－最近 n 天的最低價）÷（最近 n 天的最高價－最近 n 天最低價）×100

② 今日 K 值＝昨日 K 值 × $\frac{2}{3}$ ＋今日 RSV × $\frac{1}{3}$

③ 今日 D 值＝昨日 D 值 × $\frac{2}{3}$ ＋今日 K 值 × $\frac{1}{3}$

　　RSV 中的 n 天，常見天數有以 9 天、14 天等來比較，依標的屬性來調整。如果是 9 天，通常就會寫成 K（9）。

　　其中，RSV 所代表的意義是「與最近一段時間（n 天）相比，今日股價是偏強或弱」；K 值又名快線，是把今天股價算出

的 RSV 值和昨天 K 值取加權平均，對當前股價變動的反應會較快速，用來追蹤價格的短期趨勢；D 值又名慢線，把今天 K 值（已加權平均過）和昨天 D 值再平均一次，經過 2 次平滑，對當前股價變動的反應較慢，可反映出價格的中期趨勢。

計算出的 KD 數值越高，代表個股收盤價越接近近日的高價；反之，KD 數值越低，則代表個股的收盤價在近日的相對低價。公式其實不用特別記，這裡只是介紹原理，因為軟體都會計算出來顯示目前狀態供我們參考，重要的是如何判別起漲起跌。在實際應用上，簡單說明如下：

（1）**KD 值 20 以下超賣**：股價表現弱勢，但開始有過度看壞的情況，隨時有反轉向上的可能性。

（2）**KD 值 80 以上超買**：股價表現強勁，但開始有過度看好的情況，隨時有反轉向下的可能性。

（3）**KD 值 20 黃金交叉**：如 K 值從底部穿越 D 值形成黃金交叉，表示後勢看好。

（4）**KD 值 50 黃金交叉**：如 K 值從中間值穿越 D 值形成黃金交叉，表示後勢可能有強勁上漲力道。

（5）**KD 值 80 死亡交叉**：如 K 值從高處穿越 D 值形成死亡交叉，表示後勢看壞。

（6）**KD 值 20 以下低檔鈍化**：如果股價在一段時間內都維持

弱勢下跌，KD 值會出現長期在低檔盤旋的現象，此時難以判斷轉折狀況。

（7）**KD 值 80 以上高檔鈍化：**如果股價在一段時間內都維持強勢上漲，KD 值會出現長期在高檔盤旋的現象，此時難以判斷轉折狀況。

莎拉投資小教室：新式型態學應用改良

傳統技術分析會在 KD 黃金交叉後買進、死亡交叉時賣出，但此時股價往往已錯過低檔第 1 根起漲或高檔第 1 根下跌的黃金時機，所以新式型態學特地改良了這部分。建議買進或賣出時機是預備金叉或死叉之前，或可搭配正負背離及乖離過大的位置進場。

圖表 2-4-1　傳統 vs 新式型態學 KD 應用差異

原則	傳統技術分析	新式型態學
進場原則	黃金交叉後買進	黃金交叉前買進，搭配正背離（乖離）
出場原則	死亡交叉後賣出	死亡交叉前賣出或放空，搭配負背離（乖離）

以金像電（2368）為例，依照傳統技術分析理論，要在正式黃金交叉的位置進單（圖表 2-4-2 位置①），那已經走到第 3 根紅 K 棒，距離短線的壓力位置，僅 1 根紅 K 棒的距離。如以新式型態學的觀點，在 K 值箭頭向上，**尚未穿越但即將穿越 D 值處（圖表 2-4-2 位置②），即可試單。**

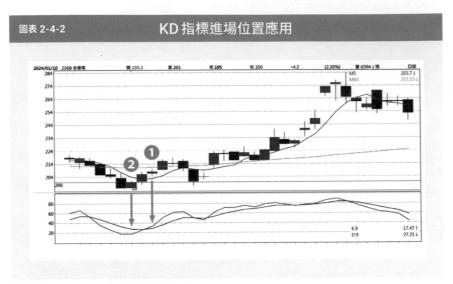

資料來源：CMoney 法人投資決策系統

新式型態常用指標②：MACD 指標

　　MACD（指數平滑異同移動平均線）也是一種常用的技術分析指標，概念延伸自移動平均線，主要顯示長期與短期移動平均線收斂或發散的徵兆，用來判斷買賣股票的時機與訊號。
MACD 由 3 個部分組成：

（1）**DIF（差離值）**：應用 2 條速度不同的移動平均線（一般使用為短期 12 日、長期 26 日），計算兩者之間的差離值，代表短線偏離長線的情形。

（2）**MACD 線（慢線）**：對差離值（DIF）進行一次 N 日的平均計算（常用是 9 日），得到 MACD 線（慢線），代表

短期與長期乖離程度的平均值。

（3）**柱狀圖（OSC）**：將 DIF、MACD 兩者相減的數字，繪成
柱狀圖。當柱狀圖為正且增長時，代表市場趨勢向上；當
柱狀圖為負且下降時，代表市場趨勢向下。

在使用上，當 DIF 與 MACD 交會，代表趨勢發生轉變，所以
MACD 指標是判斷股價波段走勢的重要指標。一般來說，可用快
慢線交叉和柱狀體變化，看出買賣訊號（圖表 2-4-3、圖表 2-4-4）。

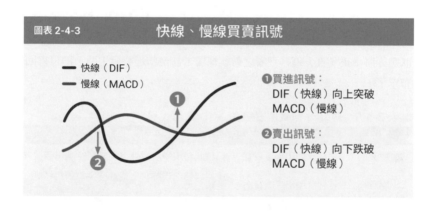

圖表 2-4-3　快線、慢線買賣訊號

━━ 快線（DIF）
━━ 慢線（MACD）

❶買進訊號：
DIF（快線）向上突破
MACD（慢線）

❷賣出訊號：
DIF（快線）向下跌破
MACD（慢線）

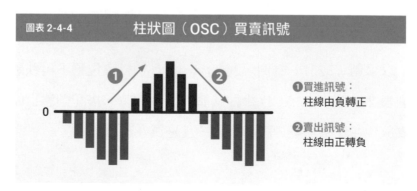

圖表 2-4-4　柱狀圖（OSC）買賣訊號

0

❶買進訊號：
柱線由負轉正

❷賣出訊號：
柱線由正轉負

以上是 MACD 的基本定義，MACD 在技術指標裡扮演的角色，是買進賣出訊號的輔助，不過相對於 RSI、KD，它的反應是最慢的。但新式型態學裡卻納入 MACD 的參考，原因是有些股價推升時的力道，從 MACD 的紅綠柱狀體變化中，更加容易判別。

莎拉投資小教室：新式型態學應用改良

為了避免因 MACD 反應較不靈敏的特性影響進出場判斷，新式型態學採取的是快步策略，也就提早 1、2 步先布局的概念，**當發現紅綠柱狀體即將由正（負）值轉到零之前就進場，甚至當趨勢發生時，即可來回布單了。**

圖表 2-4-5 傳統 vs 新式型態學 MACD 應用差異

原則	傳統技術分析	新式型態學
進場原則	紅柱狀體出現後買進	紅柱狀體出現前買進，均線糾結處僅觀察
出場原則	綠柱狀體出現後賣出	綠柱狀體出現前賣出或放空，均線糾結處僅觀察

以緯創（3231）為例，2023 年 12 月初打底位置不再跌破處（圖表 2-4-6），MACD 綠柱狀體開始收斂時，搭配型態上的三角收斂，在此處進場，勝率極高，且是買在起漲處。

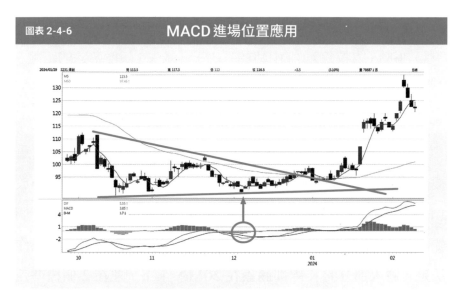

資料來源：CMoney 法人投資決策系統

新式型態常用指標③：布林通道

　　布林通道是一種常用於技術分析的工具，由約翰·布林格
（John Bollinger）於 1980 年代提出，它是利用統計學概念設計
的，用來預測股價的波動和走勢。布林通道由 3 條線組成：

（1）**中線（平均價格）**：通常使用移動平均線來表示，代表了
　　　一段時間內的平均價格趨勢，常見的時間長度是 20 日移動
　　　平均線。

（2）**上軌（壓力線）**：在中線的基礎上，加上 2 個標準差的距離。
　　　上軌代表了股價的高位範圍，當價格觸及或超過上軌時，

可能意味著市場處於超買狀態。

（3）**下軌（支撐線）**：在中軌的基礎上，減去2個標準差的距離。下軌代表了股價的低位範圍，當價格觸及或跌破下軌時，可能意味著市場處於超賣狀態。

依據標準差的常態分配（德國科學家高斯發現同一組資料重複分析多次後，會如圖表 2-4-7 呈現鐘型分布），距平均值小於1 個標準差之內的數值範圍出現的機率是 68.2%，距平均值 2 個標準差的範圍出現的機率合計為 95.4%。因此，**布林通道的操作法是「將大部分的 K 線都涵蓋在 20MA 上下，並在 2 個標準差的範圍之內」操作**。操作理念類似在寬帶上下，取 2 個標準差之間的「箱型操作觀念」。

新式型態學中，布林通道的使用基本上與一般無異，唯一不同的是，我們將新式技法與布林通道的特性融合，這在解說穿心

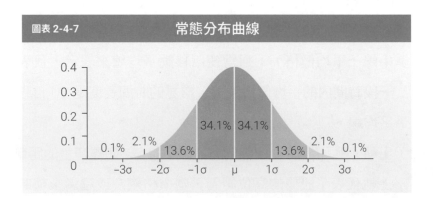

圖表 2-4-7　常態分布曲線

箭及打地鼠時有完整解析（參考章節 3-2、3-3）。

● 盤整盤（箱型格局）的應用

在盤整盤時，布林通道一般可作為高出低進的根據。

▪ **多方操作：**

（1）布林下緣到中關之間：通常視為短線空方中止，有機會做
　　　多（圖表 2-4-8 位置①），來到中關為壓力 1。

（2）中關位置：通常視為多空分界，由下緣站穩中線壓力時，
　　　壓力轉為支撐，此時可繼續做多不賣出。

（3）布林中關到上緣之間：續多直到觸碰布林上緣，來到壓力
　　　2（圖表 2-4-8 位置②）。

（4）直到趨勢改變，K 棒不再下墜，停留在中關，醞釀發動多
　　　方攻擊，就有可能是起漲的開始（圖表 2-4-8 位置③）。

▪ **空方操作：**

（1）布林上緣到中關之間：通常視為短線多方中止，有機會做
　　　空，來到中關為支撐 1。

（2）中關位置：通常視為多空分界，由上緣跌破至中關時，若
　　　支撐不守轉為壓力，此時可繼續做空

（3）布林中關到下緣之間：續空直到觸碰布林下緣，來到支撐
　　　2（與多方做法相同，但相反概念）。

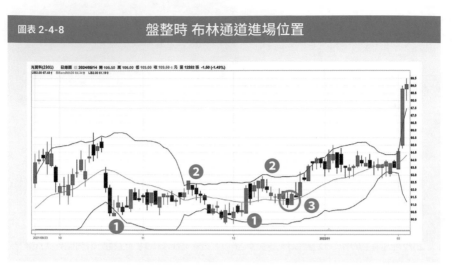

圖表 2-4-8　盤整時 布林通道進場位置

資料來源：XQ 全球贏家

　　注意，布林通道最好搭配均線使用，才能明確抓出當盤整盤
進入尾聲，即將進入趨勢盤的過程。

趨勢盤的應用

多方操作

　　在進入到正多頭趨勢盤之前，通常是股價已由布林下緣站上
中關，布林線會進行很特別的型態──縮口，也就是上緣及下緣
線向中心收成一個小 C 的口，此時代表盤整到了尾端，量能縮
到極致，等待出現方向的特徵。

　　等股價再次向上進行發動突破，來到布林上緣後，此時的布
林線會像喇叭一樣打開，完成先收斂後擴張的動作。強勢型態的
多頭股，K 棒會沿著布林上緣行進，只要不連續跌破布林上緣（通

常是 3 天），就會沿趨勢一路向上不回頭（圖表 2-4-9）。

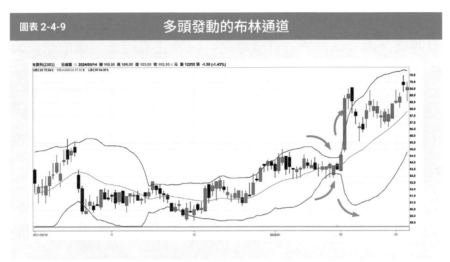

圖表 2-4-9　　多頭發動的布林通道

資料來源：XQ 全球贏家

▪ 空方操作

在進入到正空頭趨勢盤之前，通常是股價已由布林上緣回到中關，布林線會進行縮口的動作，同樣的上緣及下緣線向中心收成一個小 C 的口，此時也代表盤整到了尾端，量能縮到極致，等待出現方向的特徵。

等股價再次向下進行發動突破，來到布林下緣後，此時的布林線會像喇叭一樣打開，完成先收斂後擴張的動作。強勢型態的空頭股，K 棒會沿著布林下緣行進，只要無法站回布林下緣（通常是 3 天），就會沿趨勢一路向下不回頭。

正負背離的應用

由 KD 指標延伸出的正負背離,也是新式型態學中有別於一般傳統技術分析常講的量價背離,我們注重的是指標的正負背離,是能在第一時間抓出起漲起跌的利器。

▪ **正背離**:股價下跌段,下降通道末端,開始出現 2 個底部(W 底),第 2 個底破低,但 KD 指標卻沒有破低,反而走高且進入黃金交叉,後續反轉向上的機率大增(圖表 2-4-10)。

▪ **負背離**:股價上漲段,上升通道末端,開始出現 2 個頭部(M 頭),第 2 個頭創高,但 KD 指標卻沒有跟著創高,反而走低且進入死亡交叉,後續反轉向下的機率大增(圖表 2-4-11)。

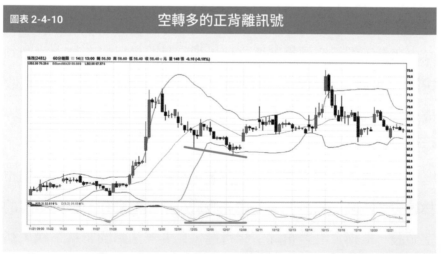

圖表 2-4-10　空轉多的正背離訊號

資料來源:XQ 全球贏家

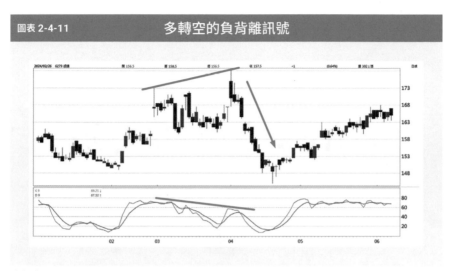

資料來源：CMoney 法人投資決策系統

│2-5│

用量價關係
看出多空轉折力道

多頭趨勢中的量價關係,從 0 ～ 4 可以分成 5 個階段,階段 0:潛伏底(無量)、階段 1:量先價行、階段 2:價漲量增、階段 3:價跌量縮、階段 4:量價背離(圖表 2-5-1)。

新式型態學對量價關係只注重幾個關鍵位置的表現,通常多頭趨勢在潛伏底時是無量狀態,但當型態來到起漲處,會以出量來表態,就是量先價行,所謂春江水暖鴨先知,量一定要先增溫,才能輔助型態的完成(0 ～ 1 階段)。等到正式突破起漲,K 棒向上攻擊時,量最好也要漸次推升,代表買氣旺盛。當小回測時,量必須縮下來,表示主力惜售(2 ～ 3 階段)。

最後則是股價乖離越來越大,每當股價推升,量卻明顯縮

小，表示量價背離，後勢可能回落，此時要先獲利出場。

　　空頭趨勢的量價表現，則是與多頭完全顛倒。空頭趨勢中的量價關係，同樣從 0 ～ 4 可以分成 5 個階段，階段 0：高點過後緩跌、階段 1：量先價行、階段 2：價跌量增、階段 3：價漲量縮、階段 4：成交量不足，等待契機（圖表 2-5-2）。

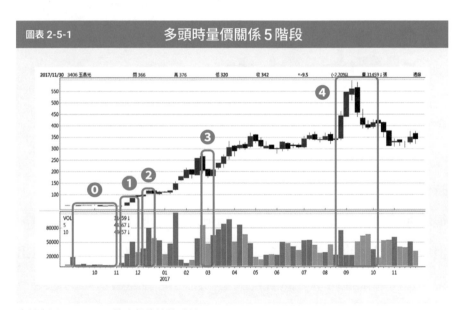

圖表 2-5-1　多頭時量價關係 5 階段

資料來源：CMoney 法人投資決策系統

新式型態學 只關注 2 個重要位置

　　新式型態學在量價關係的看法上，大致與傳統量價派相同，唯二差別在於，首先，量價派偏重量，並忽略了型態與指標，有

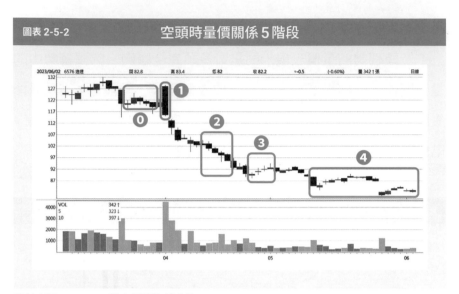

圖表 2-5-2　空頭時量價關係 5 階段

資料來源：CMoney 法人投資決策系統

時會有高檔鈍化的誤判。舉例來說，圖表 2-5-3 中鴻海（2317）很明顯的量價背離產生，且在 K 棒組合型態上也出現了陰吞噬，**但 KD 指標一直維持高檔鈍化，代表真正的反轉訊號始終沒有出現**，這時如果僅憑單一訊號就放空，就可能會連續被嘎的危險。

其次，量價關係雖然重要，但不需要時刻關注，真正歸納 2 個重要的時間點──多與空的轉折處，量價才有決定性的影響。

這在台指期的操作上尤其重要，例如 15 分 K 落底的訊號（圖表 2-5-4），多半配合連續大量，及連續下跌後出現的第 1 根大紅 K 棒，搭配站上 5MA 效果更好，這是新式型態學獨有。

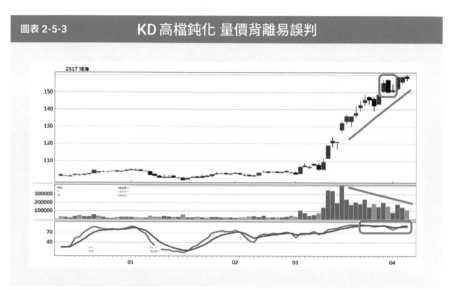

圖表 2-5-3　KD 高檔鈍化 量價背離易誤判

資料來源：CMoney 法人投資決策系統

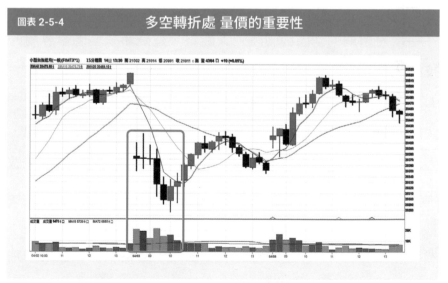

圖表 2-5-4　多空轉折處 量價的重要性

資料來源：XQ 全球贏家

|2-6|

短分K有關鍵作用
時時刻刻都要看

目前市場上所有的技術分析，皆是以日線為主，極少將所有週期的型態都同時列入觀察，這是新式型態學專屬的技法之一。

之所以要全週期觀察規劃，只因不同操作手法不能用同一個規則去檢視，好比做當沖的人，當然不需要去看週線、月線，因為那是太遙遠的事，關注操作當下的波動即可。但如果要做中長期投資的人，去看短分K能看出什麼呢？很容易見樹不見林。所以我們要做的是，按照操作週期的長短去分別觀察日、週、月及短分K，才是致勝的不二法門，歸納以下各種週期判別方式。

極短線：60分K、1分K、5分K

適用於當沖者做多確認 60 分 K 是否起漲或在上升趨勢的支撐位，KD 指標最好在黃金交叉以上，進單盡量採 1 分 K 及 5 分 K 皆在低檔支撐位附近試單，可搭配 5 分 K 起漲當沖法；如要站在空方，確認 60 分 K 是否起跌或在下降趨勢的壓力位置，空單盡量採 1 分 K 及 5 分 K 皆在高檔乖離特大或出現負背離的位置附近試單，可搭配 5 分 K 起跌當沖法。

日內波：日K、60分K至1分K

適用於當沖者及隔日沖先評估日線型態適合多或空，做單最好從 60 分 K 評估到 1 分 K，有出現短分 K 共振現象的股票，才容易吃到一大根，是最佳型態。

注意，所謂的短分 K 共振，指的就是每一個分 K 的走勢，包含日線都是剛剛正要多頭開花的位置。例如鴻海（2317）在 2024 年 3 月 4 日從 102.5 元起漲的位置，共振現象比較容易拉出一大段走勢（圖表 2-6-1），空方亦然。

小波段：日K、週K、60分K至1分K

適用於 3 ～ 5 天或 2 週週期操作者先評估日線多空位置，合併週線是否同向，視為最理想，可從週線畫出有可能抵達的停利

位置（通常是看布林通道上下緣），進場方式等同日內波。

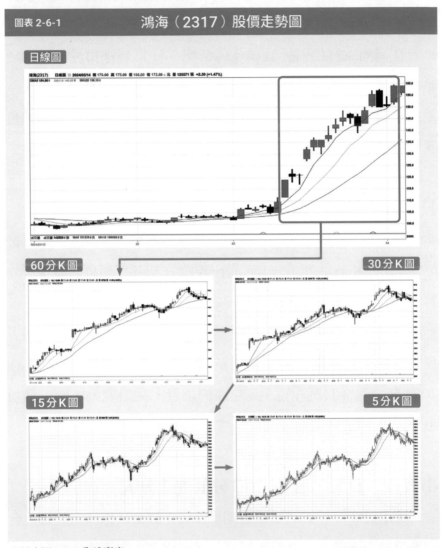

圖表 2-6-1　鴻海（2317）股價走勢圖

資料來源：XQ 全球贏家

中長線：日 K、週 K、月 K

適用於數月及至年為單位的操作，先看週、月線的型態是否為起漲起跌，再評估日線是否為多（空）頭剛開花的位置進場。

操作的同時，其實各週期操作法是可以重疊使用的，好比看好中長線發展，可以利用 A、B 帳戶操作法，部分操作中長線，部分來回短單，是最為靈活且反覆累加獲利的良方。

「在正確的道路上奔跑，獲利將隨之而來。」

——股神巴菲特

03

新式型態學基礎入門 2：
新型態誕生

本章先從基本多空型態（A轉、V轉、W底、M頭、三角收斂、箱型、上升通道、下降通道）切入，因為型態是一切的根本，先了解傳統技術分析的型態用法，再加上新式型態學的改良應用，奠定根基。

　　進入章節 3-2 後，先介紹新式型態學的多方新型態誕生：金包銀、湯姆士迴旋、N字勾、小碎步、有底撐；在章節 3-3 則介紹空方新型態誕生：穿心箭、下樓梯、打地鼠，以及進階的型態對比概述，這些獨創的型態，是我多年操作遇到問題時，找出破解的關鍵技法，是市場上鮮少人提的。建議各位熟讀了第 2 章後再進入第 3 章，觀念及理解方面會比較容易上手。

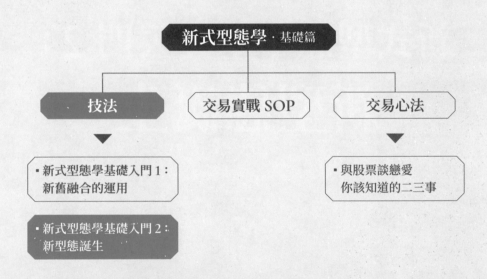

| 3-1 |

8種基礎型態
蘊含趨勢變化

　　一開始提到新式型態學奠基於傳統技術分析，因此在型態基礎入門時，還是先來認識操作上最常應用的 8 種型態，再漸進到新式型態學發明的新型態定義教學。

常見型態①：A 字反轉

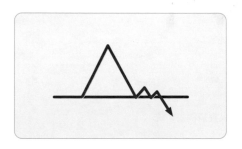

　　A字反轉顧名思義，當股價連續拉抬，來到乖離極大的位置瞬時反轉，就會形成A字反轉型態。

　　台指期或中小型類股，甚或投機類型的股票，會因為即時的利多消息，**帶量迅速急噴出**，通常呈現**近75度垂直向上**；隨著散戶跟風進場後，**量能推升力道趨緩，其後出現一根爆量反轉黑K後，便迅速下墜**，以同樣的角度相反方向行進，直到回到當初起漲位置，完成A字反轉型態，甚至多數會續跌，導致追高散戶套在山頂，因此這是一種魔王級型態。圖表3-1-1的保瑞（6472），就是標準的A字反轉型態。

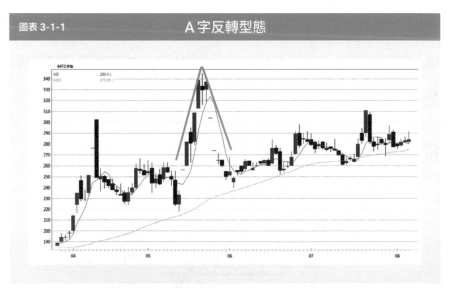

圖表 3-1-1　A 字反轉型態

資料來源：CMoney 法人投資決策系統

常見型態②：V形反轉

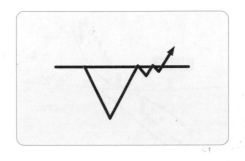

　　此種型態有機會出現在所有類型（大、中、小型）的股票，主要是前波因賣壓宣洩，一路採下降趨勢的方向行進，直到乖離過大，或遇底部支撐，出現一根反轉紅Ｋ棒，有類似梯底的效果，後續急速拉抬形成Ｖ字形狀，最終甚至有機會過前高。

莎拉投資小教室：新式型態學密技

　　Ａ字反轉和Ｖ形反轉在極短線的操作上，經常出現在波動甚大的台指短分，搭配翻亞當的概念，是一種可預測抵達位置的來回打單絕招。

　　圖表 3-1-2 就是一個搭配翻亞當的經典案例，2022 年緯創（3231）在除權息後不久，連續拉抬過高形成Ｖ轉，在 240MA 開始走出翻亞當，來到滿足點後又回落到 240MA 附近，視為可預測路徑的典型範例。

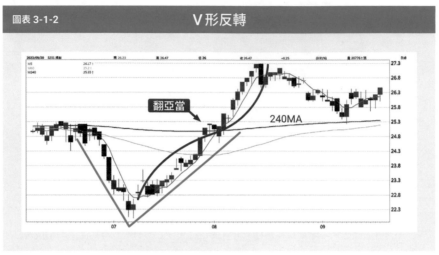

資料來源：CMoney 法人投資決策系統

常見型態③：W 底、頭肩底

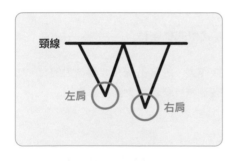

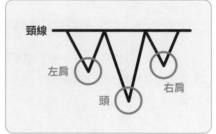

    W 底是傳統技術分析中極為常見的一種底部型態和打底反轉訊號。之所以被稱之為 W 底，原因在於 K 棒組合的兩腳、一頸形狀像英文字母的 W，而一般 W 底也可稱為雙重底，甚至打

出第 3 隻腳，而成為三重底或頭肩底，更多的腳出現則成為複合底型。

　　W 底的形成過程是由一段下跌走勢後出現第 1 次反彈，但反彈的時間和幅度都有限，之後價格再次下跌，當跌到前低附近時若獲得支撐，將再次反彈，後續站穩頸線並一舉突破，視為起漲位置。

莎拉投資小教室：新式型態學密技

　　有別於傳統技術分析走法，通常我們在剛開始打第 2 隻腳**出現第 1 根反轉紅 K 棒時**，就試單介入，配合技術指標若出現黃金交叉，則後續上漲的機率大，起漲位置讓人心態更穩定。

圖表 3-1-3　傳統 vs 新式型態學 W 底進場位置

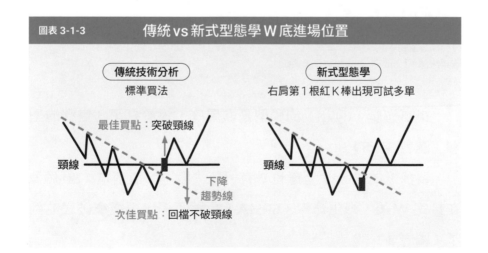

　　台康生技（6589）在 2022 年 10 月 31 日出現紅 K 棒站上
5MA 位置即為試單點，同時搭配 KD 剛剛勾腳，並且 W 型態出
現正背離，後續連續噴發近 60%（圖表 3-1-4）。

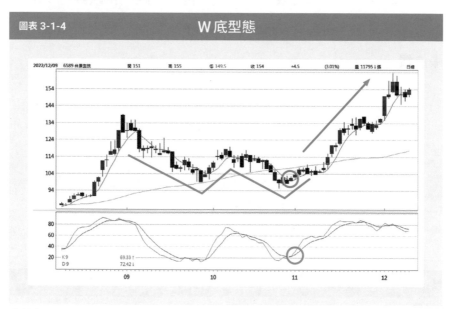

圖表 3-1-4　W 底型態

資料來源：CMoney 法人投資決策系統

　　東哥遊艇（8478）的底型是頭肩底，等於打了 3 隻腳的型
態（圖表 3-1-5）。

　　要注意的是，W 型態也是有可能失敗，好比南電（8046）
在打完 W 後，遇生命線（60MA）反壓不過，再繼續破底的例
子（圖表 3-1-6）。

圖表 3-1-5　三重底型態

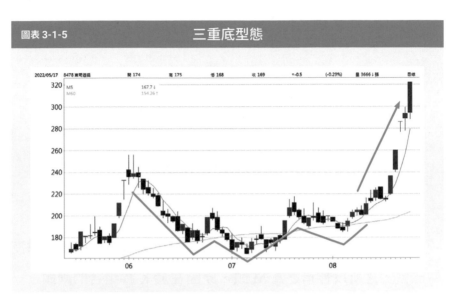

資料來源：CMoney 法人投資決策系統

圖表 3-1-6　W 底可能打底失敗

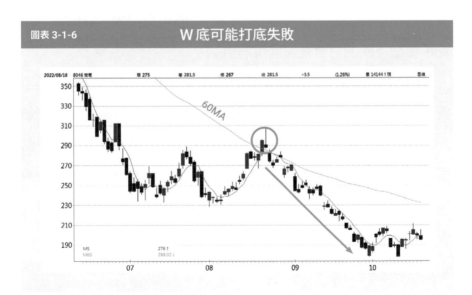

資料來源：CMoney 法人投資決策系統

常見型態④：M頭

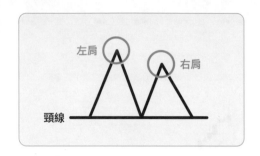

M頭是傳統技術分析中極為常見的一種頭部型態和回檔反轉訊號。之所以被稱之為M頭，原因在於K棒組合的兩頭、一頸形狀像英文字母的M，而一般也有所謂的雙重頂，甚至打出3個尖形，而成為頭肩頂。通常做頭的時間可長可短，時間拖得越長，後續下跌的力道及幅度可能更強。

通常這種型態是股價經過一波上升階段，來到相對高檔位置之後，出現了2個高峰，左側第1個高點為左肩，而右側第2個高點為右肩，在兩個峰中間所夾的低點即是頸線的位置，**當後續股價跌破頸線時，即確立為M頭型態。**傳統技術分析的教導是在跌破頸線時必須賣出或放空，同樣的，新式型態技術分析中有不同作法（圖表3-1-7）。

穩懋（3105）在2023年6～7月間出現明確的M頭型態，且搭配生命線（60MA）跌破後出現多個跳空缺口，就是轉空的

最佳範例（圖表 3-1-8），甚至後續出現了翻亞當的走勢（翻亞當為進階型態學課程中的型態對比）。

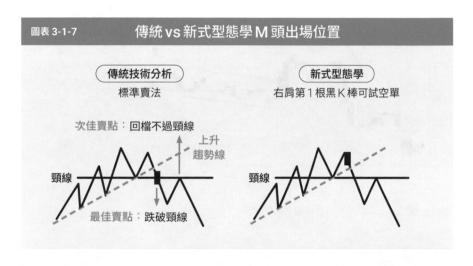

圖表 3-1-7 傳統 vs 新式型態學 M 頭出場位置

傳統技術分析
標準賣法

新式型態學
右肩第 1 根黑 K 棒可試空單

次佳賣點：回檔不過頸線
上升趨勢線
頸線
最佳賣點：跌破頸線

頸線

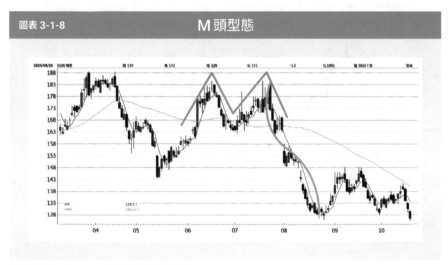

圖表 3-1-8 M 頭型態

資料來源：CMoney 法人投資決策系統

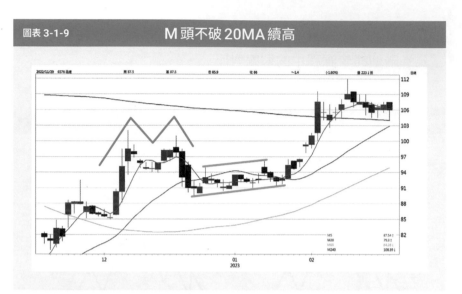

資料來源：CMoney 法人投資決策系統

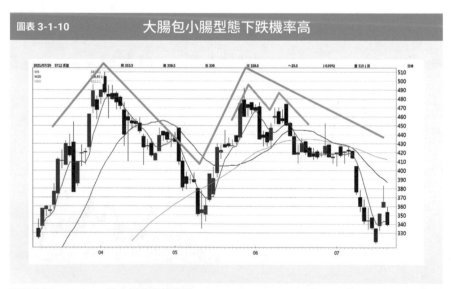

資料來源：CMoney 法人投資決策系統

　　同樣的，M 頭也會出現失敗的走法，通常在跌到 20MA 時會成為關鍵，如沒有繼續走低，後續反彈機率高。以逸達（6576）為例，2022 年 12 月出現小 M 頭後，K 棒沿著均線頭高底高，同時正在金包銀範圍中，於是後續再度噴出（圖表 3-1-9）。

　　另外還有一種大 M 包小 M（大腸包小腸）型態，通常乖離過大的類型，後續走跌機率高（圖表 3-1-10）。

常見型態⑤：頭肩頂型態

　　頭肩頂型態 3 個頭的高度不一定孰高孰低，**但主要是右肩過不了前高，後續跌破上升慣性，再跌破頸線**，頭肩頂正式形成，後續再跌的機率很大，尤其跌破生命線（60MA）3 日站不回，便轉為空方。2023 年 3 ～ 4 月，台半（5425）頭的兩肩成形，破頸線後一路下跌（圖表 3-1-11）。

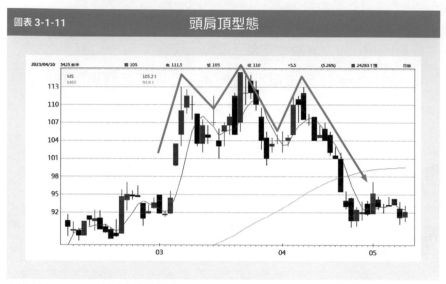

圖表 3-1-11　　頭肩頂型態

資料來源：CMoney 法人投資決策系統

常見型態⑥：三角收斂

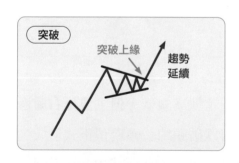

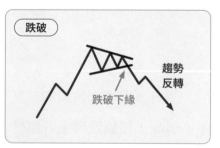

　　三角收斂型態是一種出現頻率極高的整理型態，在 K 棒運行的過程中，由左向右逐漸收攏。在上有壓力、下有支撐的情況

下，收斂過程中成交量會逐漸萎縮，至收斂末端時再表態。

整理時間越長，當發動突破時，接下來容易有一段大行情產生。注意！一般人直覺三角收斂完突破就該是多頭開花，**實際上要搭配位階及籌碼，甚至是大環境表現**，有時候即便所有跡象顯示會向上，**但當大盤崩跌，主力仍有可能放棄原先的做線**。因此操作最忌諱先入為主，必須兩面規劃，以防突發事件來臨時，思考無法快速轉換，錯失出場時機。

2023 年 10 月至 2024 年 2 月，良維（6290）經過 4 個月長期整理噴出，即展開一大段走勢（圖表 3-1-12，同時搭配可轉債，在進階型態學課程裡有詳解）。

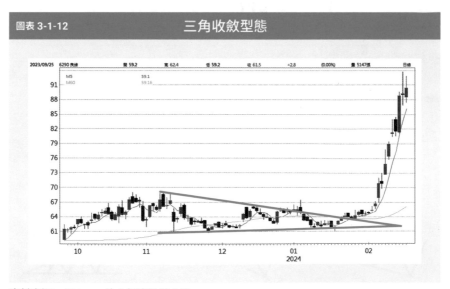

圖表 3-1-12　三角收斂型態

資料來源：CMoney 法人投資決策系統

2023 年 12 至 2024 年 3 月，可成（2474）在高位出現三角收斂（圖表 3-1-13），要記得對比週、月線位階，如果週、月的位階偏低，那風險較小；如果週、月位階也偏高，就要小心三角收斂完不一定是向上噴，極有可能會向下摜。

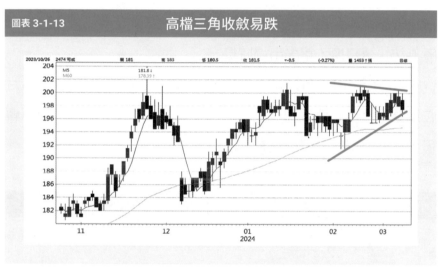

圖表 3-1-13　高檔三角收斂易跌

資料來源：CMoney 法人投資決策系統

　　三角收斂型態又可以分為 3 種類型：

對稱三角

上升三角

下降三角

▪ **對稱三角**：K 棒逐漸收斂的幅度是上下等距，走勢由左至右逐漸縮小的一種型態（圖表 3-1-14）。

▪ **上升三角**：K 棒走法是低點越來越高，而高點之間互相連結呈水平線，股價每次碰到上緣便被壓回，而下方的買盤力道卻逐漸提升（圖表 3-1-15）。

▪ **下降三角**：與上升三角收斂型態相反，高點間相連走勢逐漸降低，下方則形成一道水平支撐。股價雖然在一定的價位上獲得支撐，但承接並上攻的意願不足（圖表 3-1-16）。

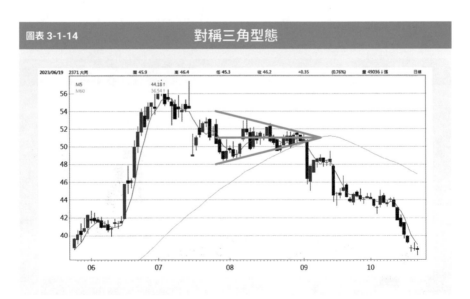

資料來源：CMoney 法人投資決策系統

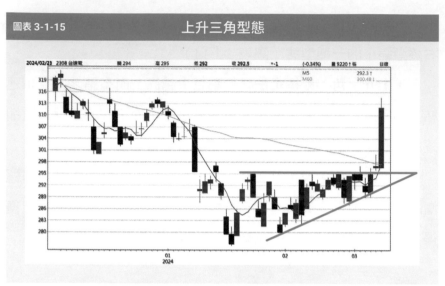

圖表 3-1-15　上升三角型態

資料來源：CMoney 法人投資決策系統

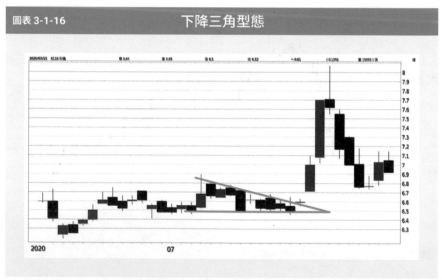

圖表 3-1-16　下降三角型態

資料來源：CMoney 法人投資決策系統

常見型態⑦：箱型整理

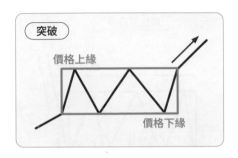

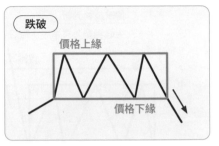

　　箱型是極為常見的整理型態之一，大盤或個股大多數時間都處於盤整型態中，也就是股價通常會在一定區間內上下移動，將區間幾個壓力位置的高點相連即為箱頂，幾個具支撐力道的低點相連稱為箱底，以此可將區間畫出來，因型態像是一個箱子，所以稱箱型格局。

　　一個箱型在高點慣性突破，則往上一階箱型移動或正多頭發動（圖表 3-1-18）；若於低點慣性跌破，則往下一階箱型移動或正空頭發動（圖表 3-1-19）。

莎拉投資小教室：新式型態學密技

　　一般技術分析採用突破箱型買進，**但新式型態學建議是買在每個箱型底部，真正落實買起漲的條件**，每次來到箱頂賣出部分，確認不續漲則全出獲利入袋；或是直到有一天突破，也是分批獲利入袋，不再追買。

新 式 型 態 學

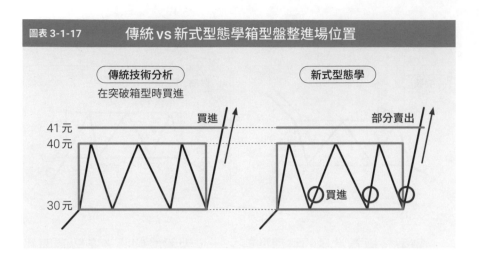

圖表 3-1-17　傳統 vs 新式型態學箱型盤整進場位置

傳統技術分析

在突破箱型時買進

新式型態學

41元

40元

買進

部分賣出

30元

買進

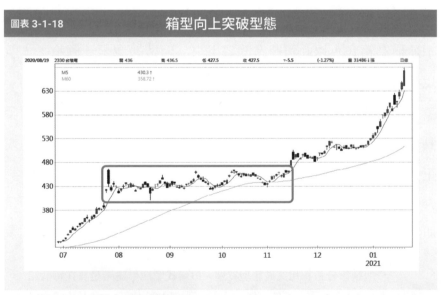

圖表 3-1-18　箱型向上突破型態

資料來源：CMoney 法人投資決策系統

152

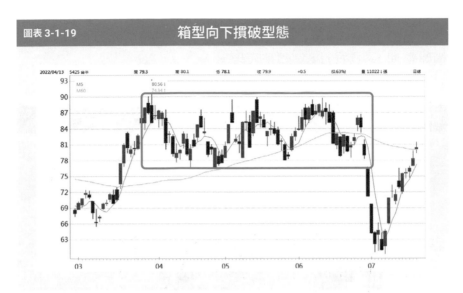

圖表 3-1-19　箱型向下摜破型態

資料來源：CMoney 法人投資決策系統

常見型態⑧：上升、下降通道

　　上升通道是股價呈現上升趨勢的型態，由 2 條左下至右上行進慣性的平行線組成。在通道下檔支撐位買進，可以在遇壓處，即碰到上通道附近時獲利出場，在趨勢未改變前，可來回做單（圖表 3-1-20）。在趨勢準備改變時，大多數時間會先進入過渡期的橫盤整理，少數會以 A 轉來表現。

　　下降通道則是股價呈現下降趨勢的型態，由 2 條左上至右下行進慣性的平行線組成。在通道遇壓處，即碰到上通道附近時放空，下檔支撐位回補獲利出場，在趨勢未改變前，可來回做單（圖

表 3-1-21）。在趨勢準備改變時，大多數時間會先進入過渡期的
橫盤整理，少數會以 V 轉來表現。

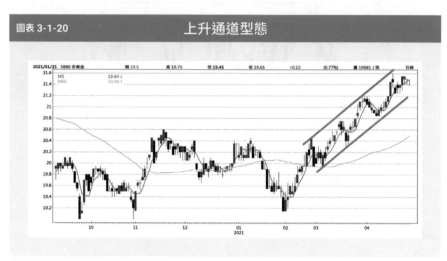

圖表 3-1-20　　　　　　　　上升通道型態

資料來源：CMoney 法人投資決策系統

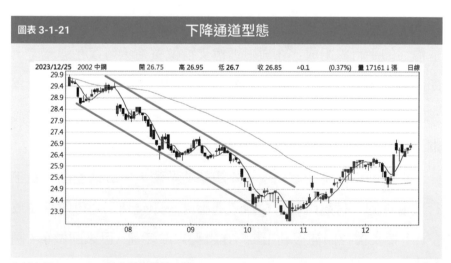

圖表 3-1-21　　　　　　　　下降通道型態

資料來源：CMoney 法人投資決策系統

| 3-2 |

新式多方5種型態
抓住關鍵買點

（金包銀）（撐竿跳）（N字勾）（小碎步）（有底撐）

前面介紹了技術分析常見的 8 種基本型態，從這篇開始要進入我鑽研多年獨創的新式型態教學，這個單元先說明多方的金包銀、撐竿跳（湯姆士迴旋）、N 字勾、小碎步、有底撐等 5 種型態。記住，新式型態學是從傳統技術分析精進而來，因此務必先熟讀章節 3-1 的內容。

新式型態學多方型態①：金包銀

金包銀是我在對技術線型盤勢觀察多年，整合出來的一種全新的新型態。許多有這樣型態的個股，在 2023 年陸續大噴出，目前「型態學教室」App 搭配此型態推出了「金包銀即時訊號」

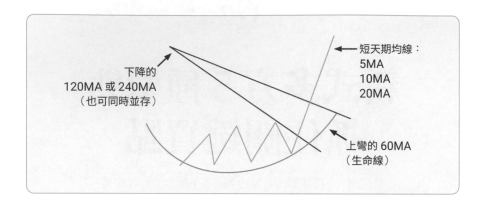

下降的
120MA 或 240MA
（也可同時並存）

短天期均線：
5MA
10MA
20MA

上彎的 60MA
（生命線）

策略，省去投資人自己找股的困擾。

　　所謂的金包銀型態，通常有群起現象，原因是大盤跌深時，許多個股已回檔到一個階段，當大盤開始走上攻的趨勢時，最容易出現此種型態。

　　「金包銀」當初在取名時，我想像的是長天期均線（120MA或240MA）和生命線，上下將3短均線（5MA、10MA、20MA）包夾其中，目的是觀察所有均線慢慢走正而金銀裝滿口袋的比喻。從型態來說是一種包覆後突破的走法，**就是頭上有長天期均線呈下降趨勢，底下有生命線（60MA）呈上彎趨勢，兩者中間包夾3條短均線，3短均線會來回交錯洗盤墊高，最後突破頭上壓力的過程。**

　　金包銀期間操作的方式可以來回做單，通常不會一次突破，尤其是頭上壓力與底下生命線支撐有一段空間，因此每當3條短

均線回到生命線附近，且 5MA 和 10MA 及 20MA 黃金交叉時可進場試單，拉高碰到頭上 120MA 或 240MA 壓力不過時，記得先出場一趟，等待均線回到生命線附近再一次起漲時介入。然而一旦突破壓力，金包銀就開始導入另一個型態區間，往往突破後會有一大段走勢出現（有興趣可掃描 QR Code 觀看影音解說）。

掃描 QR Code 觀看影片

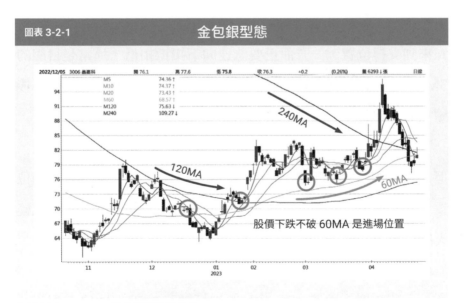

圖表 3-2-1　　金包銀型態

資料來源：CMoney 法人投資決策系統

新式型態學多方型態②：撐竿跳（湯姆士迴旋）

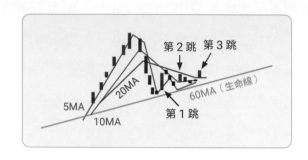

所謂的湯姆士迴旋，顧名思義是掃堂腿高高舉起時，可以輕鬆越過鞍馬。或者從撐竿跳的角度來看，當撐竿跳的竿子撐下去，人一下子越過去的狀態。從型態來說，**就是當下降的 3 短均線來到支撐位置，一方面正要急速向下扣抵扣低，通常是日線的 5MA、10MA、20MA 交界處，此時 K 棒如果跳小空開高，後續主力會願意拉抬讓股價站穩均線**，相對輕鬆省力。

此型態可能出現在股價位於多方勢，也就是在生命線之上，但 3 短均線已回落到生命線附近時，有機會再次多頭開花的位置。另一種是空方勢，當 3 短均都回測在生命線下方，且乖離極大的位置。不管位處多方或空方，通常有 3 次操作機會：

▪ **第 1 跳**：先是 5MA 扣抵扣低完會先反彈；

▪ **第 2 跳**：接下來是 10MA 扣抵快速向下，均線下壓，接觸 5MA 時，5MA 和 10MA 黃金交叉，搭配 K 棒越過去，形成

大紅 K；

　　▪ **第 3 跳：**最後一棒是 20MA 扣抵快速向下，均線下壓，接觸 10MA 時，10MA 和 20MA 黃金交叉，搭配 K 棒越過去，形成大紅 K。

　　撐竿跳不論在多空皆可執行，**因為撐竿跳的特色就是極短線的發動**。有時如果跳空直接撐竿跳開高觸碰壓力，K 棒會往下最後形成大黑 K 走勢，或是發動當下是由起漲點往上拉抬，但最後這根 K 棒收完時是留下長上影線的狀態，我們常笑說是竿子斷了，這點是要特別注意的。

　　英業達（2356）這檔撐竿跳是非常完美的教科書案例（圖表 3-2-2），在基礎型態學影音課程錄課時，它的型態僅走到圖

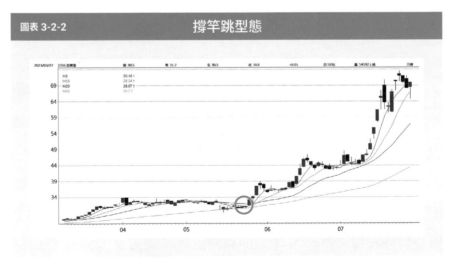

圖表 3-2-2　撐竿跳型態

資料來源：CMoney 法人投資決策系統

中左下圈的地方，但後續的發展一路上攻。因此如果能出現撐竿跳，且後續站穩生命線，這代表主力有心在均線扣抵到達關鍵位置時，不是讓它變成下壓均線將K棒打成空方，而是順勢撐竿跳一躍而過，因而展開一大段攻勢。

新式型態學多方型態③：N字勾

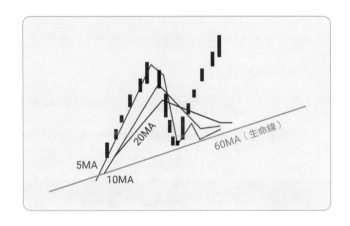

N字勾是前波大漲後，股價經過一段時間降溫，回到支撐位置附近整理，有機會再次發動的個股型態。通常是相對強勢的個股，在生命線以上作出英文字母N字的型態，等第3筆劃發動。

在章節2-3中提到的經典案例——家登（3680），我們從上升趨勢的角度研究過後，在這裡則是從型態解析。除了來到支撐位附近有撐，符合N字勾的條件之外（圖表2-3-3），同時符

合新式型態學中改良酒田戰法中的紅三兵（因為當天出現的是紅二兵，我在前面提到，有時候主力不耐久候，會在第 3 根即發動），事後證明，隔天家登就 1 根大紅 K 棒，漲到接近漲停位置並創高（圖表 2-3-4）！

　　要特別提醒的是，N 字勾如果出現在低檔起漲處，後續維持連續漲勢的機率高，但如果位階明顯偏高，就像圖表 2-3-4 的家登一樣，**就不宜做長線規劃，短進短出的效果通常較好（圖表 3-2-3）。**

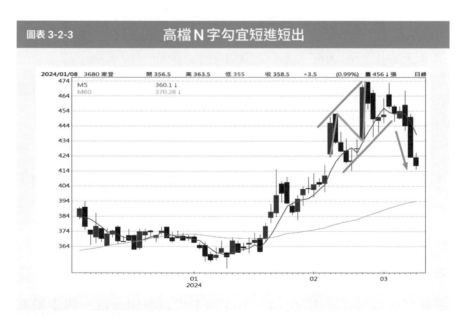

圖表 3-2-3　高檔 N 字勾宜短進短出

資料來源：CMoney 法人投資決策系統

新式型態學多方型態④：小碎步

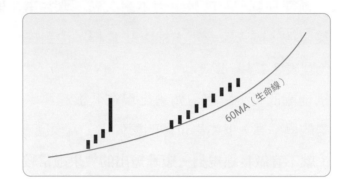

小碎步型態指的是 K 棒用墊步的方式，連續出現頭高底高、2～3 根實體極短的 K 棒型態。通常出現量縮墊步後，第 3 天或第 4 天會出一根大紅 K 棒，這樣的預備動作，被稱為小碎步。

另外一種表態方式是連續的小紅 K、小黑 K，沿著上升通道行進，如同大家常說的：**不求漲停，只求漲不停的型態。**

最經典的小碎步莫過於緯創（3231），記得 2022 年 12 月「型態學教室」App 剛上市時，從小碎步策略頻繁跳出的就是緯創，當時股價從經年累月的 20 幾元，直到第 1 次突破區間開始，連續向上沿著上升通道行進，配合 AI 話題盛行，最高股價在 2023 年 7 月下旬來到 161.5 元的歷史天價，僅花了 8 個月的時間，足足翻了 5 倍多（圖表 3-2-4）。從圖中可以看出，**每一段走勢都在慣性的 5MA 到 10MA 之間，靠小碎步來維持節奏。**

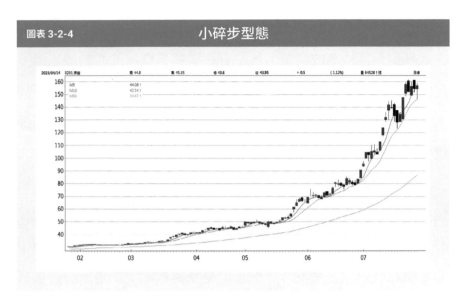

圖表 3-2-4　小碎步型態

資料來源：CMoney 法人投資決策系統

新式型態學多方型態⑤：有底撐

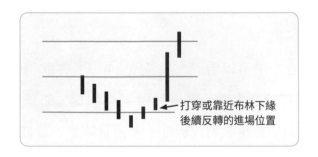

打穿或靠近布林下緣
後續反轉的進場位置

　　一開始要設計「型態學教室」App 時，我是站在為散戶操作
特性設想，因為一般人習慣看動能、量能去追高，所以設計這套

技法及 App 時，出發點完全對準「抓起漲」的目標，此法可以有效杜絕追高被套的問題，其中有底撐就是標準的抓起漲。但抓起漲並非想像中容易，因為起漲點抓得不好，可能是接刀接得滿手血。**因此除了型態上的要求之外，相關濾網的配合也顯得格外重要。**

關於這個型態的命名過程也是很奇葩，一個高手朋友看到這個型態就說：「底部有撐，那就叫有底撐吧！」接下來是我的反應三部曲：大笑、婉拒到接受，我說：有底撐台語是「有痔瘡」耶！這跟我形象也太不合了吧！但是我喜歡耶！於是下一秒拍板定案。

有底撐主要是引用布林通道最經典的特性之一，**即股價打穿布林下軌 3 天不破低的型態**，前提是大盤偏多方時，再搭配 K 棒組合以及均線型態的綜合判別，勝率很高，**為操作小波段的利器。**

圖表 3-2-5 中可以看到，友達（2409）在跌到布林下緣附近，隔天反向開高上攻，同時伴隨著小出量，如果是大盤多頭時，通常反撲的力量強大。但唯一要留意的是，布林的空間如果很窄，例如圖表 3-2-6 的宏碁（2353），做單的空間相對就小一些，因為很容易會碰到布林上緣頂壓。

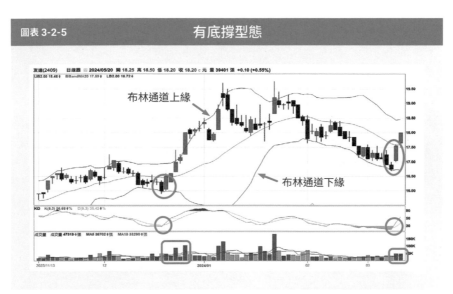

圖表 3-2-5　　　　　　　　　有底撐型態

資料來源：XQ 全球贏家

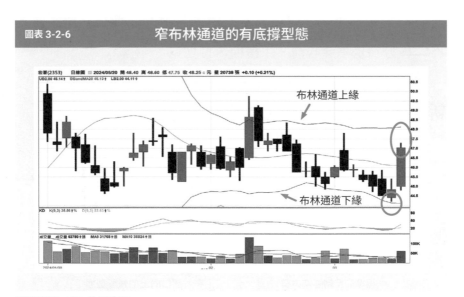

圖表 3-2-6　　　　窄布林通道的有底撐型態

資料來源：XQ 全球贏家

| 3-3 |

新式空方3種型態
判斷起跌位置

穿心箭　下樓梯　打地鼠

這 個章節要來介紹新式型態學中常用的 3 種空方新型態，
分別是：穿心箭、下樓梯、打地鼠。

新式型態學空方型態①：穿心箭

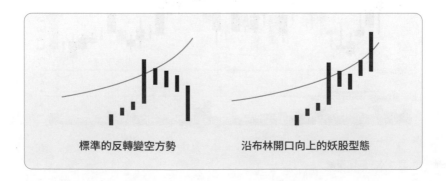

標準的反轉變空方勢　　　　沿布林開口向上的妖股型態

　　穿心箭雖然歸類在「型態學教室」App 的空方型態，但實際上是兩面刃。我常常強調，**當大盤多頭時，穿心箭通常是飆股型態；但到了空頭時期，就可能成為起跌點。**

　　原因在於當初這種型態設定是跟布林通道息息相關，當股價沿路拉升觸到布林通道上緣，如果打穿布林上緣隨即又站回，表示後續容易沿著布林通道打開而持續上攻，**但要留意觀察 KD 指標是否持續鈍化，上升慣性有沒有跌破，當跌破時必須出場。**

　　從空方角度來看就是跌破布林上緣後，3 日內如果無法站穩上緣，搭配負背離或黑 K 出大量，即可放空。

　　笙泉（3122）是一個非常經典的案例，遇到類似情況各位可以採用類似的判斷方式：

（1）從 App 策略第 1 次挑選出來後，先放入自選股池（「型態學教室」App 的使用方式會在附錄介紹）。

（2）確認日線第 1 次正式跌破布林上緣，隨後立即切換到 60 分 K 及 30 分 K。

（3）如果當下 60 分 K 及 30 分 K 的 K 棒已經走到布林下緣，那麼隔天應該要觀察開盤的走法，再決定是否放空，或甚至應該做多。

　　圖表 3-3-1 是笙泉的日線圖，雖然型態顯示跌破布林上緣偏空方勢，但根據圖中支撐與壓力位置，讀者們有看出慣性嗎？尤

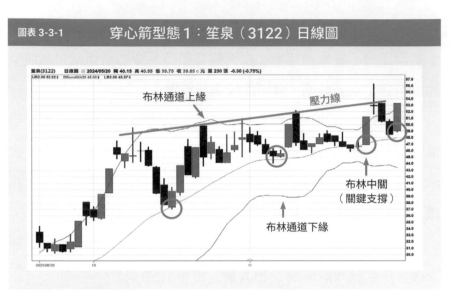

圖表 3-3-1　穿心箭型態 1：笙泉（3122）日線圖

資料來源：XQ 全球贏家

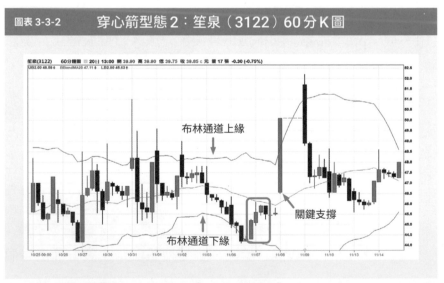

圖表 3-3-2　穿心箭型態 2：笙泉（3122）60分K圖

資料來源：XQ 全球贏家

其是圖中撐在布林中關的「關鍵支撐」位置，要看隔天是開高還是開低，盡量不要去做追空的動作。

另外，如果從 60 分來看（圖表 3-3-2），是遇到支撐位收紅 K，隔天就直接嘎上去，因為這是標準的飆股特性，它還沒有走完，所以只能趁它拉高，再度碰到布林上緣、技術指標又極高準備死亡交叉的地方（隔天一開高就狂瀉），再去做放空的動作，成功率相對大增。

新式型態學空方型態②：下樓梯

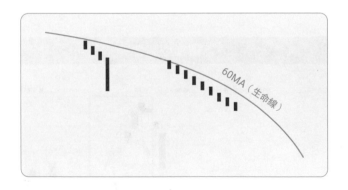

這是與小碎步剛好相反的型態，K 棒用墊步的方式，連續出現頭低底低、2 ～ 3 根實體極短的 K 棒。**通常出現量縮墊步後，第 3 天或第 4 天容易出一根大黑 K 棒**，這樣的預備動作，稱為下樓梯型態。

圖表 3-3-3 下樓梯型態1

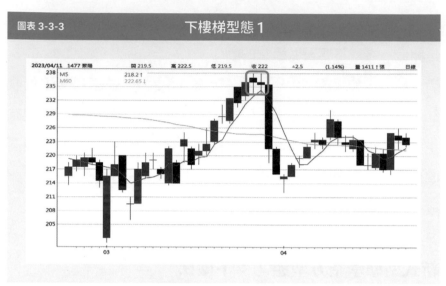

資料來源：CMoney 法人投資決策系統

圖表 3-3-4 下樓梯型態2

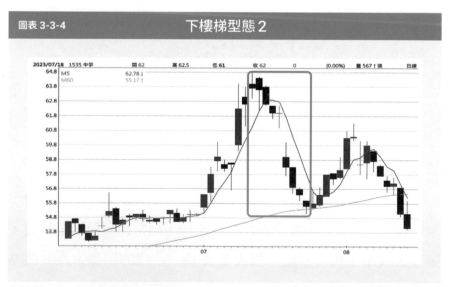

資料來源：CMoney 法人投資決策系統

　　2023 年 3 月 28 日，聚陽（1477）標準的三胎鴉原型，但這裡的下樓梯是只有 2 根小黑 K，第 3 根就出現一根大黑 K，是漲多拉回的標準型態（圖表 3-3-3）。

　　2023 年 7 月 13 日，中宇（1535）連續 3 根小黑 K，加上均線已呈蓋頭反壓，導致後面形成 A 轉，快速下壓（圖表 3-3-4）。

新式型態學空方型態③：打地鼠

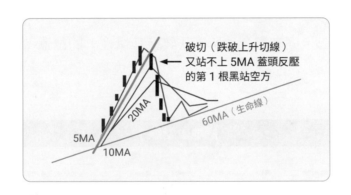

　　打地鼠算是比較後期推出的策略，畢竟近年處於大多頭，加上多數投資人喜歡操作多方勢，所以空方教學相對較少。但其實在新式型態學領域中，我們是鼓勵多空雙向，讓操作更靈活。

　　打地鼠顧名思義就是電動遊戲中地鼠每回冒出頭來，鐵鎚就朝頭打下去的這個動作，可以精準抓到所謂的起跌點。而搭配型態就是頭上有蓋頭反壓的均線，而且扣抵正要扣大黑 K，當下 K

棒位置試圖衝撞頭上均線不過,就順勢下墜的過程。

　　台光電(2383)是打地鼠經典案例(圖表 3-3-5),由於前一段上升通道的斜率開始改變,在橫盤整理處就要注意高不過高的現象,圖中箭頭處當天均線明顯下彎,通常在試圖衝撞均線的位置不過的話,就是打地鼠的甜蜜點。同時配合支撐線的平台攢破,就快速跌落。

　　神盾(6462)也曾出現標準的打地鼠型態,圖表 3-3-6 中箭頭處,試圖衝撞均線位置不過,5MA 形成蓋頭反壓,就是打地鼠的甜蜜點。同時配合破切(跌破上升慣性)的位置,就急速下墜了。

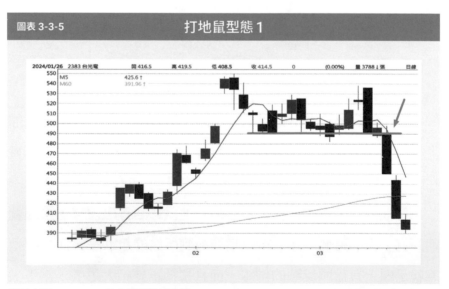

圖表 3-3-5　　打地鼠型態 1

資料來源:CMoney 法人投資決策系統

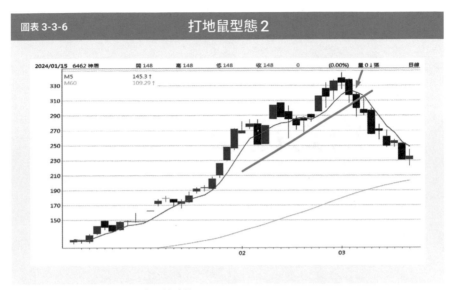

圖表 3-3-6　打地鼠型態 2

資料來源：CMoney 法人投資決策系統

| 3-4 |

型態進階操作
用對比預測走勢

　　型態對比的應用，一般我們是在進階型態學裡面會為各位做詳細解說，本書主要是以基礎型態學為主，這裡我們僅提供給各位一個輪廓。原因是對於大多數新手來說，型態對比的判別相對較為複雜，待基礎型態學練熟以後再來搭配型態對比，以免造成操作上的混淆。

　　▪ **型態對比主要功能**：新式型態學經常使用各種方式輔助操作，更能夠順利地預測未來走勢，其中型態對比就是一項非常重要的方法。

　　所謂的對比，即利用過往的線圖型態，套用到即將發生的型態上，比對圖形、量能、技術指標是否類似且吻合，達到型態對

比的目的。

　　▪ **型態對比應用範圍**：多數人的認知中，會覺得型態對比只能應用在線型走勢，實際上不管是技術指標或是量價關係都可以適用。

　　▪ **型態對比特色**：坊間所有的傳統技術分析派，從未有系統地使用此法，因此我在設計新式型態學時，將其分類定義，發現除了可以從個股本身的歷史發展來對比之外，不同個股間也可以互相對比，「他山之石，可以攻錯」，藉由探究其他股票的發展歷程，來推斷自己持股可能的走法。

　　▪ **型態對比分類**：型態對比一般可分為 3 種：上下對稱、左右鏡射、複製型態。

第1類型態對比：上下對稱

　　就是俗稱的翻亞當，翻亞當是亞當理論中很重要的一項對走勢預測的技法，在新式型態學裡，我們稱上下對稱。**通常越小的分 K，行進速度越快，這種對稱的準確度越高。**上下對稱指的是從上翻下來的距離，來到中心點若守不住，接下來下翻（跌）的距離幾乎會達到相等（圖表 3-4-1）。

　　另外還有一個容易被忽略的看法是，待翻完後，通常會反彈回一半位置。

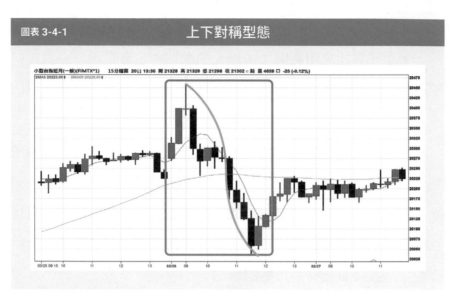

資料來源：XQ 全球贏家

第2類型態對比：左右鏡射

既然型態對比有上下，就一定有左右，左右兩側的對稱就像一面鏡子橫在中間，兩側照映出極相似的型態樣貌。通常從中心點畫一條垂直線下來，剖開左右兩邊，將高低點對照畫出來，準確度很高。

左右鏡射發生的機率是型態對比裡最多的，並且常出現在各個週期。

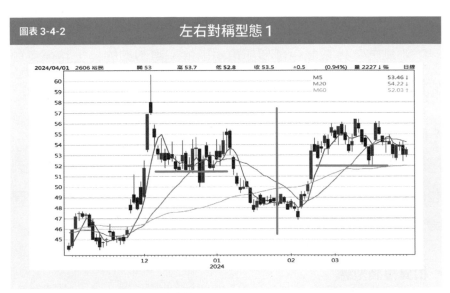

資料來源：CMoney 法人投資決策系統

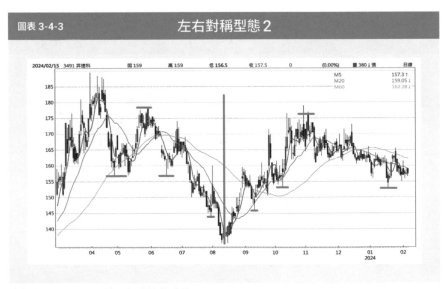

資料來源：CMoney 法人投資決策系統

第3類型態對比：複製型態

複製型態表示同一種型態重複出現，複製型態最大特色在於它可以出現在同一檔個股的複製，也可以出現在不同個股的對比。

同一檔個股複製型態

以虹堡（5258）為例，它從 2023 年開始幾乎都是回到120MA 均線支撐位附近，打完 W 型態，就開始一段上攻走勢（圖表 3-4-4）。

相異複製型態

好比我們最常關注的美股——道瓊指數、那斯達克指數，與

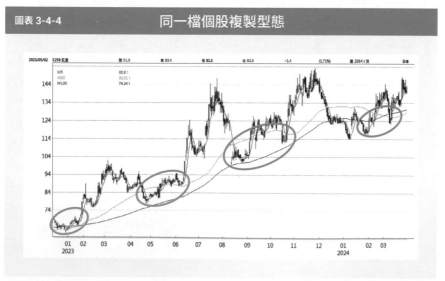
圖表 3-4-4　同一檔個股複製型態

資料來源：CMoney 法人投資決策系統

台股、台指走勢，那就像難兄難弟一樣（圖表 3-4-5）。

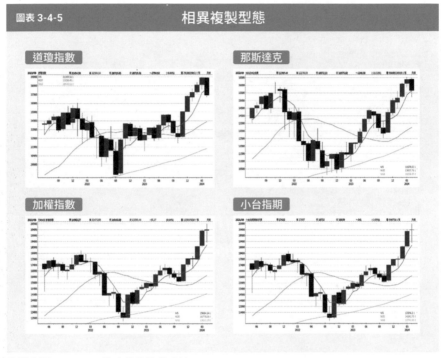

圖表 3-4-5　相異複製型態

資料來源：CMoney 法人投資決策系統

　　以上就是型態對比的概念簡述，更細節的操作技法因為限於本書篇幅，會在進階專書裡呈現。

「失敗並不是結束，失敗是學習和成長的機會；
　成功是正在進行的過程，成功並不是實現目標，
　而是不斷改進以及突破界線。」

　　　　　　　　　　　　—— AI 教父 黃仁勳

04

打造獲利方程式
新式型態學交易SOP

在消化完前 3 章後，相信讀者對新式型態學已有了初步的了解，雖然整個技法架構很龐雜，我盡量用系統的方式、精簡的表達來幫助大家熟悉。這整套買在起漲、賣在起跌的邏輯，只要學會，在股市安身立命應不是問題。但光是有邏輯概念，卻沒有實戰來驗證，終究只是熟讀了教科書，卻沒有用出來，甚為可惜。

本章分為 6 個步驟，分別是：①判斷大盤走勢；②用型態選股；③觀察籌碼；④搭配基本面與消息面；⑤短分 K 及技術指標輔助；⑥堅守紀律。幫各位整理了莎拉平時實戰的場景和操作 SOP，希望能讓讀者快速完成實戰的前置工作，可以下場操作！

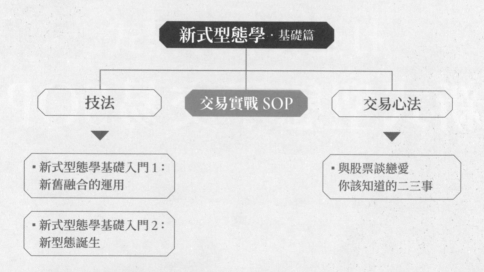

新式型態學 · 基礎篇

| 技法 | 交易實戰 SOP | 交易心法 |

- 新式型態學基礎入門 1：新舊融合的運用
- 新式型態學基礎入門 2：新型態誕生

- 與股票談戀愛你該知道的二三事

｜4-1｜

交易實戰 SOP ①：
判斷大盤走勢

在建立交易 SOP 前，要先了解操作是從**操作時間規劃**開始的，可分成：**每日盤前準備工作、盤中看盤技巧、盤後復盤檢討** 3 個時段做起，這部分詳細說明放在本書附錄 1。

接著，進入本章重點──交易實戰 SOP 的第 1 件事，是看型態判斷大盤走勢。看型態順序：①搭配美股走勢；②確認選擇權支撐、壓力位置；③依序看日線、週線和月線；④看各短分 K。

選擇權支撐、壓力位置 是盤勢重要參考

我們常說台股是美股的跟屁蟲，尤其台股組成中電子類占比大，因此與美股科技類的連動性很強。過去我主要對照費城半導

體指數，但近幾年台指有時也會跟道瓊指數或那斯達克指數高度相關（走勢對比圖可翻閱圖表 3-4-5）。

以新式型態學來說，我們主要觀察道瓊期及那斯達克期，俗稱小道及小那，**原因在於一般投資人以加權指數作為判斷盤勢的依據，新式型態學的觀察主軸卻是台指近全（意即包含日盤及夜盤）**，觀察台指近全的優點在於日盤加夜盤才是完整的型態。

在確認盤勢之前，很重要的一點是一定要先看選擇權支撐壓力表，看高低撐壓的大量位置，初步心裡有底。通常最多人押價的位置，可視為地板及天花板，舉例來說，圖表 4-1-1（選擇權

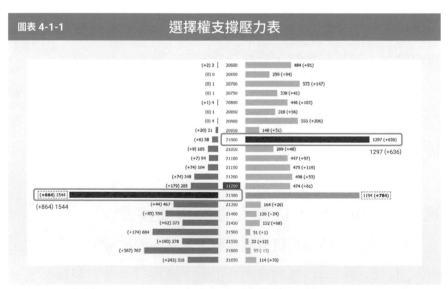

圖表 4-1-1　　選擇權支撐壓力表

資料來源：玩股網

支撐壓力表 202405W5）地板位置（支撐）在 21,000 點，天花
板位置（壓力）在 21,300 點。

因為每天盤勢會有起伏，因此每日的選擇權支撐壓力表位置
都有可能顯示些微變化，只要記得每週三結算後，新開倉時通常
選擇權撐壓位置會拉得比較遠，越靠近下週三前結算時，撐壓的
距離會越近。或是越接近結算的合約，撐壓距離越近，而越遠結
算的合約，撐壓距離越遠。

原理在於剛開倉時，有 1 週的時間，盤勢在這過程中可能有
劇烈起伏，所以主力、法人對於撐壓的位置看法相對鬆散且分岐；
越接近結算，指數的變化相對好推估，所以撐壓距離會越來越近。

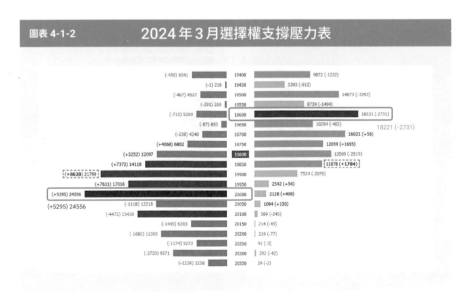

圖表 4-1-2　**2024 年 3 月選擇權支撐壓力表**

資料來源：玩股網

　　圖表 4-1-2 是 2024 年 3 月的月選擇權支撐壓力表，撐壓分別是 19,600 點及 20,000 點。在我寫到這段時，時間剛好是 2024 年 3 月 20 日的第 3 週結算，當天的大盤最高來到 19,994 點，台指期來到 19,956 點，完美交代天花板。相對的，剛開倉的 202403W4（圖表 4-1-3），代表 2024 年 3 月最後一週的撐壓，就是距離遙遠的 19,000 及 20,300。

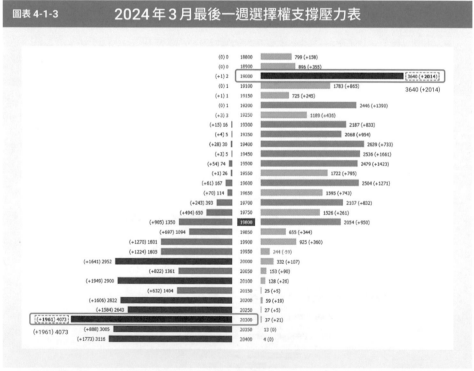

圖表 4-1-3　2024 年 3 月最後一週選擇權支撐壓力表

資料來源：玩股網

先看日線 再看週、月線

不管是小道、小那或是台指近全的觀察，新式型態學裡強調每個週期都有其重要性，因此在評估大盤時，一定是先從日線為基準看起。

先看目前型態是否符合幾個前面章節提到的 W 底、M 頭、三角收斂或橫向整理，先把趨勢畫出來，這是第一步。有時候日線型態有不足之處，例如型態對比或壓力位置的評估，這時必須從週線跟月線來輔助，所謂見樹也見林，就是這個道理。

我利用新式型態學的各種濾網及技法，近幾年在理財寶平台的股市爆料同學會每天早盤前發文，推估大盤走法，勝率目前持續保持在 9 成以上。限於篇幅在這裡只舉 3 個過去盤勢規劃經驗，分享給大家。

● 台指期實戰回顧①

在 2023 年 8 月 16 日的「高價熱門股操作策略」免費線上直播中，我提到可能走型態對比，後續台指走法十分符合。原因是採用了進階型態學中的左右鏡射原理，以及扣抵的搭配使用，當我們對大盤可預期時，個股的操作就相對胸有成竹。

● 台指期實戰回顧②

在 2023 年 10 月 18 日的「高穩健當沖法則」免費線上直播中，我提到扣抵用法對型態的關鍵影響，同時對未來的預測結果準確。

● 台指期實戰回顧③

2023 年 11 月 22 日的「短中長期投資策略」免費線上直播中，我提到美期與台指的互動關聯，經過了 3 個多月的時間淬鍊，可從型態及各項指標搭配來對未來指數創高埋下伏筆，最終結果完全吻合。

掃描 QR Code，觀看實戰回顧影片。

｜ 4-2 ｜

交易實戰 SOP ② ：
用型態選股

交 易 SOP 的第 2 步是用型態選股，關於多空型態的介紹，
已經在第 3 章詳細介紹，大家務必熟讀。

在「型態學教室」App 上市前，我是用肉眼逐一選股，相對
費時費力。長期操作股票下來，我發現一定會有一些標的跟你的
個性相合，從它身上賺得到錢；也有些股票，雖然看似飆股有賺
頭，但你就是從它身上賺不到錢。這往往跟一檔個股的「股性」
有關，因此以我個人來說，很多股票股性不好的，好比說 K 棒
很黏，每天上沖下洗搞小劇場，或是每次一陷入整理，就好像阿
嬤的裹腳布又臭又長、死不發動，這些就列為我的拒絕往來戶。

而那些跟我個性合的股票，我就會建立一個長期關注的股

池，裡面大約有上百檔股票，並且分門別類。每天有空我就會巡視一遍，哪些今天籌碼好、型態接近要起漲的位置，我就開始特別關注，並且來回分批布單。

從 2022 年底「型態學教室」App 上市後，選股工作相對就變得輕鬆了，因為 App 裡整理了各種不同的策略，也都是第 3 章提到的各種型態策略，包括多方：金包銀（即時訊號）、撐竿跳（湯姆士迴旋）、N 字勾、小碎步、有底撐，以及空方：穿心箭、下樓梯、打地鼠……未來可能會加入更多選股策略。

當然有的時候，**並不是每天都要頻繁選股，通常手上持股不要超過 3 檔是最好**，因為第一，持股太多不好顧及細節，尤其新式型態學要看的面向很多；再者，持股分散意味著資金也相對分散，當你小賺時，會不甘願出場，反而錯過出場時機由賺變賠，這是一個很普遍的心理現象，但很容易被大家忽略。

| 4-3 |

交易實戰 SOP ③：
觀察籌碼流動

本章節內容繁多，請逐一消化再往下進行。新式型態學的中心主旨——型態為王、籌碼為后，我相信涉獵過新式型態學的人，對這句話都不陌生。

為什麼我主張型態在前、籌碼為支援，這是長期下來操作及觀察得到的結論。我講個小故事，在新式型態學形成的前期，我有一個股票小群，裡面都是高手，每天我們會選股做功課，然後把標的貼到 LINE 群裡，隔天驗證成果。往往大家選的標的都是剛發動、籌碼漂亮的股票，而我盡選籌碼不特別好，也看不出來發動跡象的股票。大家都會語帶疑惑地說：「你選的這是什麼啊？」結果隔天就大噴。

其實很簡單，**主力常常會低調的把型態做好，在此之前不會有發動的痕跡**，所以我會從一些蛛絲馬跡中，找到訊號，開始布建。事實證明，當一開始發動後，籌碼這不就跟上來了嗎？從那時起，先知先覺買在起漲，成為我操作的目標。

然而當時我並沒有立刻抓到新式型態學整體的藍圖，停留在拼拼湊湊的摸索階段，只有「型態為王、籌碼為后」的雛型。直到後期整個邏輯及技法完整確認，每一次的操作都符合這樣的看法，我就明白，型態與籌碼的配合缺一不可。

說到觀察籌碼，我 10 年前開始進入股市操作，就找到了「理財寶籌碼 K 線」（簡稱籌碼 K）平台，很幸運地它是我的入門磚，因為平台不斷進化，提供的籌碼資訊確實而全面。直到寫這本書之前，我在股市爆料同學會（後期跟籌碼 K 的個人頁合併）上，已經累積了 3,134 篇文章，也是我這 10 年來的操作足跡。

籌碼的學問其實非常複雜，對新式型態學來說，因為我們參考的濾網已經很多，所以即便籌碼的地位高且重要，但我把它收斂到只須關注某些重點即可，盡量把對操作有直接影響的部分擷取出來，不需要每個籌碼資訊都看。以籌碼 K 提供的資訊為例，分為以下幾個重要部分（有興趣的讀者，可以搜尋關鍵字「理財寶」，就可以找到電腦版軟體，也有 App 可下載）。

重要資訊①：K線

這是我打開個股第一個會看的頁籤，裡面有分上下兩塊，上半部線圖可以大致了解型態，還可以切換均線、分 K 及使用布林通道。下半部是籌碼分布情況，可以查詢三大法人、融資券、借券賣出餘額、內部人大戶散戶持股比率、秘密券商以及各種技術指標。我通常會把常用項目設定為外資及投信的籌碼買賣狀況，透過紅綠柱狀圖，一眼可以辨識目前籌碼是否有利於股價推升。

圖表 4-3-1　K線頁面功能

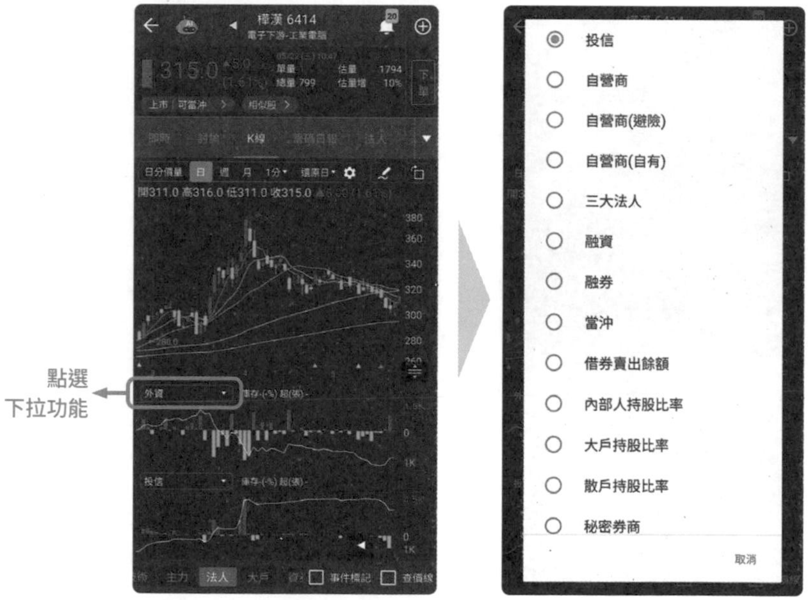

點選
下拉功能

資料來源：股市籌碼 K 線

重要資訊②：籌碼日報

　　這個頁面對於主力動向的觀察就更加深入了，從統計天數來看，可以清楚快速了解籌碼集中度如何，下半部則是將買賣方的前 15 大券商，包含短沖主力及一般主力的買張、買賣均價等資訊詳細列表。針對單一券商還可以點進去看每日的建倉狀況，跟以前資訊不透明比起來，現在幾乎是讓主力的進出無所遁形（圖表 4-3-2）。

圖表 4-3-2　主力動態追蹤

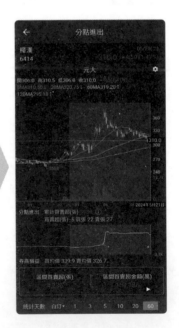

資料來源：股市籌碼 K 線

重要資訊③：法人

一般我們常聽到的法人指的是外資、投信及自營商，2 年前當時籌碼 K 尚未開發「第 4 法人」功能，也就是八大官股的買賣，但這個功能上架後我真心覺得好用。原因是**許多被外資錯殺的股票，如果對照八大官股動態，很常見到對做的痕跡**，也就是玩你丟我撿。因此我在布單的時候，會同步觀察八大官股，如果股價壓低，外資投信出貨，但八大官股有接，那麼等到股價殺不下去的時候，外資投信回頭轉買，就是進場的好時機！

以樺漢（6414）為例，圖表 4-3-3 黃框處清楚呈現三大法人賣超壓低股價，此時對照粉紅框處八大官股卻在接股票；其後當股價發動時，法人轉買，此時八大官股再把股票倒給法人，護盤任務達成。

莎拉投資小教室

大家都在賣就要小心

有時候市場會出現外資、投信和八大官股同時賣出，這就要小心了，如果法人丟出來的單，連八大官股也不接，可想而知這檔股票短期沒有支撐力道。另外，不要用單一張數來評估，因為每一檔股價不同，有些個股買賣張數原本就不多，因為股價高。

圖表 4-3-3　追蹤法人和八大官股動態

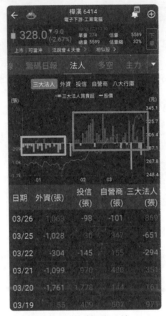
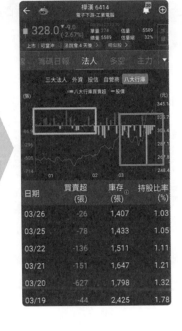

資料來源：股市籌碼 K 線

重要資訊④：主力

主力就是我們常說的控盤手，帶領股價方向的重要關鍵，通常會跟法人籌碼連成一氣，當法人大買時，主力顯示的資料通常不會偏離太遠。除了買賣超的觀察重要外，值得注意的是家數差，家數差負值越大越好，跟一般的概念需要轉一個彎理解，**正值出現時，表示籌碼相對分散在更多人手裡，但如果是負值大，代表籌碼越集中在少數人手裡**，這是要特別留意的（圖表 4-3-4）。

　　另外，籌碼 K 還幫大家整理了「5 日籌碼集中」與「20 日籌碼集中」資訊，代表極短線與小波段是否具有衝刺力道，要記住，**數值是正的越大越好，而且累加上來的效果最好。**

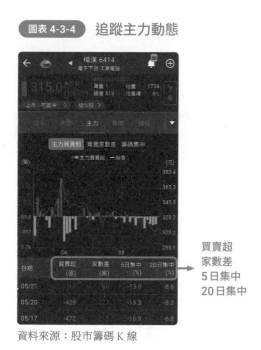

資料來源：股市籌碼 K 線

重要資訊⑤：新聞及研究報告

　　一般人會認為新聞跟籌碼有什麼關係？其實兩者是息息相關，畢竟許多投資者仰賴公司派或法人研究報告所發布的消息，作為長線或短線進場的依據。有時新聞公布後，不一定會立刻發

動，這時就要持續關注是否有籌碼進駐。

而新聞及研究報告這 2 項雖然在籌碼 K 功能上是分開放置，但我在盤後做功課時，是合併在一起看的。新式型態學裡「型態為王、籌碼為后」是重要中心思想外，另外還有一句搭配的副標是「**消息面、基本面是用來服務型態的**」。因此我會特別過濾有用的新聞來評估後勢，最快的分辨方式整理如圖表 4-3-5。

圖表 4-3-5	股市循環：籌碼、型態和消息面的關係				
動態	型態位階	新聞面	主力目的	籌碼	結果
利空出盡	低位起漲型態成形中	持續發壞新聞	測試利空不跌	小買	後續有機會向上
利多測試	低位確定起漲後	風向轉變出好消息	吸引聰明錢入場	買進	緩步向上攻堅
放出利多	低位階變為中位階	好消息連發	市場熱度持續	連續放量	乖離開始拉大
利多出盡	中位階變為高位階	重複好消息	吸引散戶入坑	小賣	乖離過大起跌開始
利空盡出	高位階破線	市場出現雜音或無消息		連續丟單	持續下跌

重要資訊⑥：資券

資券是一般投資人相對較難理解的，事實上其中有許多隱晦的部分，的確是不能從表面簡單解讀。在籌碼 K 資券功能中，可以看到融資、融券、券資比、借券賣、當沖等資訊。

圖表 4-3-6　觀察融資券等籌碼動態

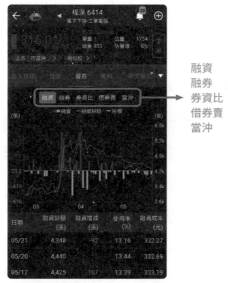

融資
融券
券資比
借券賣
當沖

資料來源：股市籌碼 K 線

● 融資每日餘額及增減

　　過去我們常說散戶喜歡用融資，所以只要融資大增，一定是散戶傻傻地又跳進去接刀了（原因出自過去一般認知散戶相較大戶缺乏資金，只好用開槓桿的方式操作）。

　　但這幾年情況有了變化，短線操作上，主力也會用融資進場，也就是我們所謂的「聰明錢」。但如何辨識到底買單是來自於散戶還是主力？最簡單粗暴的解讀方式就是，**如果大量融資湧進，正好是股價在推升的時期，多半能判斷是主力所為。**

相反的，股價開始直直落，融資餘額卻一路攀高，這時大致可以解讀是散戶在做攤平的動作。

● 融券餘額的觀察

一般對於融券的理解是散戶看空個股，就會用融券放空。但近年可轉債大為流行起來，融券組成的解讀變得複雜，因為本書是新式型態學的基礎，因此對於融券之於可轉債的關係，在此就不多加著墨。

簡單地說，融券暴增時，短線上不見得會使股價下跌，甚至還會推升股價，這是我們一般說的「空頭不死，多頭不止」，但會有一定程度的力量蓄積，重點還是在搭配法人籌碼表現。

● 券資比變化

券資比的計算公式為：**（融券餘額 ÷ 融資餘額）×100%**，一般遇到「高券資比」可能的解讀方向有以下幾個：

▪ **軋空**：首先我們要有一個基本觀念，在股票市場中，「有資才有券」，當投資人融資買進股票，券商才能有券額提供其他投資人融券賣出。當券資比越高，代表融券餘額越高或是融資餘額相對低，而這些融券賣出的投資人，都會是未來潛在的買盤。

高券資比搭配低融資餘額較好，代表浮額越乾淨（融資的投資人大多屬於相對短線的持有者），籌碼乾淨表示股價拉抬的難

度下降，如果再搭配股東會等融券強制回補事件，就容易帶動股價上漲，形成融券軋空行情。**通常在事件前資券比達到 30% 左右，就算是值得注意的了。**

莎拉投資小教室

什麼是強制回補？

1 年之內強制回補日至少會有 2 次，也可能包含例外狀況：

（1）股東常會召開前：通常召開前 2 ～ 3 個月，公司就要公告相關停止過戶日程，同時公布融券的最後回補日。

（2）個股除權息日前。

（3）若該年度公司有辦理現金增資，也必須強制回補。

▪ **公司有利空，消息靈通的投資人先行放空**：通常是公司派了解內部消息，提前作放空動作（融券賣），待市場反應利空消息，股價下跌後再買回股票，進而獲利。

● 借券賣張數

關於借券賣，這部分相對複雜，所以簡單將重點擷取出來，作為觀察此項時的依據。

除了投信、自營商外，影響融資券的最大主因是「外資」，

因為外資受限於法規不能融券,借券就成為其主要做空的方法之一。

▪ **借券基本觀念**:簡單來說,借券就是把自己持有的股票設定借出利率來出借,再按照出借的日數收取利息,如此一來,可以在不賣出股票的情況下獲利;而借股票的人,也有機會藉此放空賺取價差。事實上,借券並不是外資的專利,一般投資人也可以借券。借券主要分為 2 套系統:

(1)證交所的借券系統:出借人與借券人僅限法人或基金,通常需求量大。

(2)券商或證金證券借貸系統:一般投資人需求量較小,因此由券商或證金證券借貸系統提供借券服務。

▪ **借券跟融資券差異**:借券和融券都是放空的工具,像融資券是透過「信用」來買賣股票,例如融券是手中沒有股票,但預期未來股價會下跌,所以跟券商借股票,在高點時賣出,等股票下跌再買回來還券商,以賺取差價。

不過借券和融券仍有不同之處,融券後一定要在市場上賣出(等同放空),但借券有可能是避險、套利等其他因素。

▪ **借券餘額、借券賣出餘額**:在借券這個項目中,有 2 個重要的指標:

(1)借券餘額:指借入股票,尚未歸還的數量。

（2）借券賣出餘額：指的是借入的股票中，在市場中賣掉的數量。

這兩者間照常會有差額，原因在於借券人借了股票，但沒有馬上在市場中賣出。所以，**真正要看這檔股票是否短線上被看壞，重要的不是借券餘額多少，而是要看借券賣出及借券賣出餘額**，最好加上其他條件配合，好比說外資連續數日賣超、型態上破線走空，同時借券賣出連 3 日增加。結論是，**借券賣出餘額越高，法人可能正偏空看待股價。**

這本書在寫作的這段期間，剛好寫到借券的時候就發生了一個經典案例——光寶科（2301）事件。光寶科在「型態學教室」App 跳出時，是正要起漲的位置，連續拉 2 根後，我特別提醒大家短線上有點太高。3 月 25 日公司派發布營運前景樂觀的報導，3 月 28 日卻有另一則新聞出現，內容寫「美系外資調降光寶科評等」，結果光寶科連跌 3 大根外帶破線（前因後果，我有在同學會發文，有興趣的人可以掃描 QR Code）。

掃描 QR Code 觀看文章

我合理懷疑這是公司派結合外部黑手，狂發利空消息讓股價應聲大跌。原因是我們來對照一下光寶科的借券賣資訊，很清楚

地可以比對出 3 月底的借券賣張數，直線衝高，借券賣餘額更是高得驚人（圖表 4-3-7）。

圖表 4-3-7　光寶科（2301）資券賣張數

日期	借券賣(張)	借券賣還券(張)	借券賣餘額(張)	借券餘額(張)
01/30	883	354	11,241	36,027
01/29	1,620	0	10,712	35,234
01/26	192	26	9,092	33,207
01/25	110	638	8,926	32,439
01/24	164	1,040	9,454	33,185
01/23	1,496	521	10,330	32,379
01/22	426	0	9,355	32,188
01/19	340	8	8,929	32,146
01/18	726	671	8,597	33,989
01/17	190	1,591	8,542	38,718
01/16	231	476	9,943	42,457

日期	借券賣(張)	借券賣還券(張)	借券賣餘額(張)	借券餘額(張)
04/01	2,472	235	72,564	84,242
03/29	7,476	414	70,327	82,329
03/28	7,681	563	63,265	72,484
03/27	6,216	72	56,147	65,525
03/26	2,731	127	50,003	58,658
03/25	2,821	139	47,399	57,020
03/22	4,199	40	44,717	58,175
03/21	6,267	18	40,558	53,407
03/20	1,525	88	34,309	46,539
03/19	454	0	32,872	47,748
03/18	530	4	32,418	48,295

資料來源：股市籌碼 K 線

看完籌碼，我們來比對一下型態（圖表 4-3-8），本來因為 00939、00940 的 ETF 之亂，導致光寶科陷入了成份股吃豆腐的漩渦之中，滿滿的外資、投信對作痕跡，加上起漲 3 根之後，一連串的人為事件，股價懸崖式跳水，外資加大力道倒垃圾的結果，短線型態整個壞掉，破壞威力可見一斑。

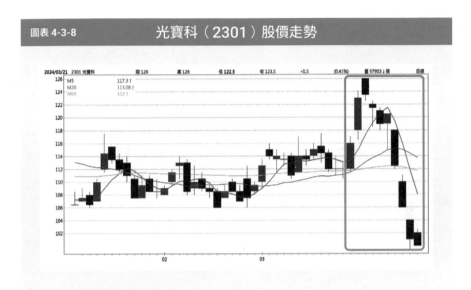

圖表 4-3-8　光寶科（2301）股價走勢

資料來源：CMoney 法人投資決策系統

| 4 - 4 |

交易實戰 SOP ④：
基本面與消息面

在 上節的觀察籌碼，籌碼 K 提供了相當完整的籌碼資訊外，在基本面、消息面這塊，營收、獲利、財報這 3 個項目我也會合併觀察。

但因為本書是技術分析為主，基本面與消息面次之，所以沒有針對基本面判別進行教學解說，僅以最簡易快速的方法，判別基本面及消息面對型態的影響。

從圖表 4-3-5「股市循環：籌碼、型態和消息面的關係」可以看出，股市心理往往是反市場操作才容易有高勝率，尤其是如何利用基本面與消息面發布的時間點與用意，在這裡我特別舉 3 個經典案例給各位思考。

泰博 ▶ 利多加持 股價飆漲

2019 年年底，當時一位我相當尊敬的老大哥網紅達人——簡大，提到泰博（4736）在 2020 年業績會逐月增，這時我趕緊打開泰博的線圖，我發現當時月線的位置，簡直是美如天仙，原因是個股會有所謂的慣性，當然不是每一檔都會按照慣性，但以泰博來說，我常開玩笑它的控盤手是處女座線控等級，對於做線相當執著。因此我二話不說，開始進出股期，依照型態對比來回做單，從 136 元做到 200 多元，賺到一大段。

唯一可惜的是沒有跟到最後，因為當時才剛接觸可轉債，沒

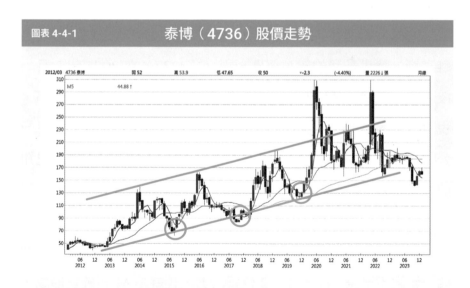

資料來源：CMoney 法人投資決策系統

注意到正好是發泰博二可轉債的時候，不然我會牢牢抱到漲不動為止。這期間，泰博業績果真如判斷一路狂飆，加上正好碰到疫情，除了本業的進帳之外，泰博又多了試劑的加持，也難怪現股與可轉債一路水漲船高。

從泰博型態來看，這是標準的型態為王、籌碼為后，基本面與消息面來抬轎的最佳例證，每一段起漲（2015 年 8 月、2017 年 10 月、2019 年 12 月），都是上升趨勢線的底部，只要每一次在這個位置買進，後續都有至少翻 1 倍的行情！

國巨 ▶ 跌破型態 立即出場

這間公司是著名的會炒作，因此搞懂它的操作邏輯，其實不難賺錢。這也是我的親身經歷，國巨（2327）在 2021 年 5 月一波起漲，直到 8 月即將要公布財報 3 率（毛利率、營業利益率、稅前淨利率）前夕，我在 577 元附近進場，原本想等隔天消息一公布（市場預期 3 率提升）出高點後下車——**通常高點放出已知的好消息時，反而應該是出場時機。**

不料隔天小漲幾元後，開始崩跌，我當天一發現破線立刻停損幾萬元出場，這就是偷雞不著蝕把米的下場。不過好在看懂型態，如果不出場（圖表 4-4-2 位置①），也就是 M 頭確實形成，後面一路下墜，1 張最多賠將近 200 元之多！

資料來源：CMoney 法人投資決策系統

北極星藥業 ▶ 指標背離 好消息拉不動股價

北極星藥業（6550）就沒這麼幸運了，這檔在 2022 年 8 月前後，是話題度最高的明星，我個人並沒有參與，但因為有同學買，所以當時我幫忙大家追蹤。

記得在 2022 年 9 月初，我在國內旅遊放假，卻仍舊關心北極星走勢，我在大力鼓吹此檔的某人版上潑冷水，我說乖離如此之大，很容易要高檔反轉了，追高的人要小心（圖表 4-4-3 位置①），當時還被罵被酸。

過沒幾天，北極星解盲成功的新聞一爆出來，隨即高檔反

轉，出現一大根黑Ｋ（圖表 4-4-3 位置②），當天我再次提醒，說明顯的負背離出來，大家真的要非常小心了。此後，北極星就連續跌停，中間幾乎沒有停頓，直接回到低點。如果你只看新聞做單，解盲成功呢！怎麼可能連跌？**但股價永遠走在消息前面，前面已經反映完，最後利多出盡就反轉了。**

一檔股票乖離越大，拉抬的力道就會衰減，沒有永遠漲不完的股票，但它會有訊號，告訴你哪裡即將反轉。從圖中來看，連續 2 個頭出現，第 2 個頭比第 1 個頭高，KD 指標卻沒有跟上，這就是初步的負背離警訊。

市場上第一個強調正負背離的，就是新式型態學了，簡單檢視卻非常好用。

講到北極星藥業，這間公司非常善用話題炒作，之後又出現一次神操作，這跟我多年持有的一間未上市生技公司——霖揚生技的股票有關。霖揚生技我是非常早期的股東，這間公司非常正派經營，在本業的發展很有前景，但商業手腕不如這些會炒作的公司，甚至當時一度現金不足，隨時面臨要倒閉的危機。我利用各方人脈，找到當時一間有名的生技創投，為霖揚注入資源，後續引進國外資金，保全了公司的存續。

原本霖揚要計畫 IPO，這也是我一直以來的等待，偏偏此時殺出北極星要收購霖揚外部投資的所有股權，公司派這邊緊

圖表 4-4-3　　北極星藥業（6550）股價走勢

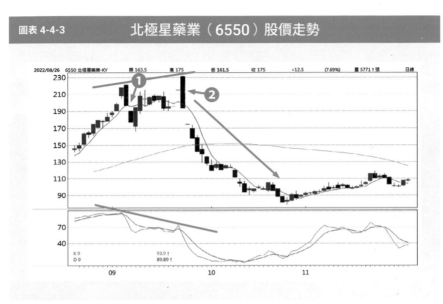

資料來源：CMoney 法人投資決策系統

圖表 4-4-4　　好消息只帶來短暫漲勢

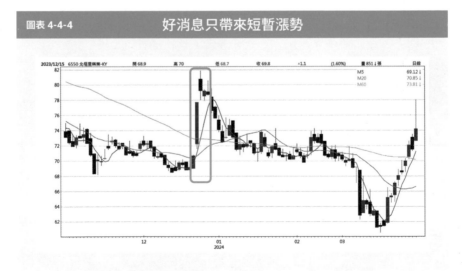

資料來源：CMoney 法人投資決策系統

急與其談判，只好將公司在台灣股份要求北極星全數吃下，雖然 IPO 夢碎，但至少這一筆投資是安全下莊。北極星此時立刻公布收購消息，隔天想當然爾就是一根漲停板伺候，完全不浪費這次交易的附加價值。但仔細看後面有繼續漲嗎？顯然是沒有（圖表 4-4-4）。

｜4-5｜

交易實戰 SOP ⑤：
短分 K、技術指標輔助

交易 SOP 看到這裡，只要能把上述方式仔細推演數遍，以及按表操課，選股應該不是大問題。

而本章節就是在前一天晚上做功課時，以上步驟都確實完成後，將挑選出來的 3 ～ 5 檔個股列入自選股清單內，隔天開盤前試搓及台指期 8 點 45 分開盤後，沙盤推演操作可能的走法。

通常值得進場的個股應該都有以下特徵：

值得進場個股①：極短線沖

（1）短分 K 的 1 分 K、5 分 K 和 15 分 K，最好都是幾條均線正
　　　在（要）多頭開花；

（2）尤其 5 分 K 如果是呈現 4 條短均線（5、10、20、60）靠
得很近，且 KD 指標在 20～50 附近是最最理想的位置（最
多不要超過 70 為宜），MACD 指標紅柱狀體正要由零軸
向上漲；

（3）開盤第 1 根 K 棒最好是小跳空開高 1%～2% 以內，或是先
開低但立即反彈過平盤，之後 K 棒開始連續拉抬，MACD
指標的紅柱狀體開始拉升；

（4）直到 5 分 K 有拉抬無力的現象出現，從原本連續紅 K，開
始出現紅、黑相間，此時要去看 15、30、60 分 K 是否也
開始出現黑 K，這代表短線目標抵達，可以開始分批獲利
出場；

（5）如果看錯方向，則以當日 5 分支撐位跌破後，3 根站不回
或有空頭開花跡象出現時就出場。

　　以技嘉（2376）為例，先確認日線（圖表 4-5-1 位置①）及
60 分（圖表 4-5-2 位置①）的位置是否在支撐位有機會起漲的
地方，前一天做功課記得確認 5 分位置，如果是 MACD 正要出
現紅柱狀體，隔天開盤跳小高，就可以試單。後續如出現高不過
高或破線（圖表 4-5-3），就是當沖出場點。

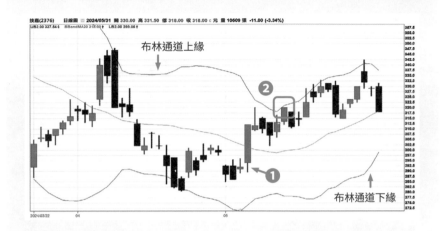

資料來源：XQ 全球贏家

資料來源：XQ 全球贏家

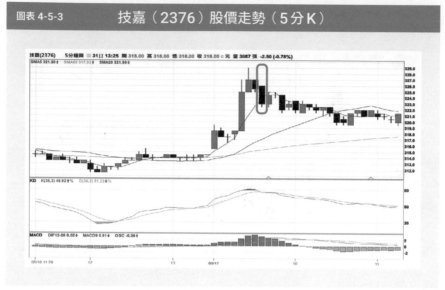

圖表 4-5-3　技嘉（2376）股價走勢（5分K）

資料來源：XQ 全球贏家

值得進場個股②：短波段

（1）短波段的進場位置一樣可以比照極短線的方式，因為在新
　　　式型態學裡，我們常用以長線保護短線的概念，也就是 A、
　　　B 帳戶操盤法；

（2）短波段與極短沖的差別在於，短波段可維持 3 ～ 5 天的週
　　　期，因此第 1 停利點我會以 60 分 K 布林通道上緣，及第
　　　2 停利點的日線布林通道上緣為基準（週布林上緣備用）；

（3）如果看錯方向，則以日線的支撐位跌破後，3 日站不回即
　　　出場。

　　短波段通常可以維持 3 ～ 5 天，同樣以技嘉為例，日線不破布林下緣，打 W 第 2 隻腳上攻，分批停利的位置可以是 60 分 K 的布林上緣（圖表 4-5-2 位置②），再來是日線布林上緣（圖表 4-5-1 位置②）。但要注意的是，不一定來到這位置就會停止，有些時候會繼續上攻，因此出場可分 3 份：60 分、日線，最後一份是等日線完全拉不動反轉時再出場也可行。

　　重點是，**我個人不在拉抬時做加碼動作，因為墊高成本還不如找下一隻**，畢竟每天有跳不完的飆股。

值得進場個股③：中長線

　　適用於數月及至年為單位的操作，先看週、月線的型態是否為起漲、起跌，再評估日線是否為多（空）頭剛開花的位置進場。

| 4 - 6 |

交易實戰 SOP ⑥ :
紀律規劃

操作的技法前面都有詳述,但真正重要的,是操作前要同步制定紀律,所謂的操作紀律即是擬訂操作策略(風險報酬比、兩面規劃)。

(1)操作的第一前提是風險與報酬之間的比率,所謂的風報比,就是在規劃時先根據型態抓出風險與報酬各自的比例,如果風險很大,即便有機會獲利,也不輕易做單,因為操作失當賠錢機率高。

(2)操作本身是非常科學的行為,因此要將情感情緒面盡量降到低點。

(3)新式型態學當中的一大特點就是兩面規劃,操作是非常中

性的，一般人很容易因為看好一檔個股，在規劃策略時就完全偏向多方看法，絲毫沒有意識到萬一走反向時，應該如何應對，才不會產生腳麻的現象。因此操作前一定要將多空兩邊的走法都先模擬好，等到實戰時，哪邊出訊號，就做出相應動作即可。至於紀律規劃的步驟，將在下一章有詳細拆解。

「在這裡，你要一直拚命跑，才能保持在同一個位置；
如果你想前進，你必須跑得比現在快 2 倍才行。」
　　　　　　　　　　　——愛麗絲夢遊仙境 紅心皇后

05

與股票談戀愛

你該知道的二三事

本章進入到全書的尾聲，通常心法與紀律是最不受人注意，卻也是最重要的一個環節。畢竟當你學會了整套技法，實戰操作時紀律不好、心態起伏不定，容易受外部消息及盤勢震盪影響，仍舊很難穩定獲利。

因此本章特別針對心法與紀律提出觀點，包括：進出場規劃、多空頭的資金分配、善用型態學跟單、辨識股性避免受傷的方法、不追高及分批獲利的紀律等。

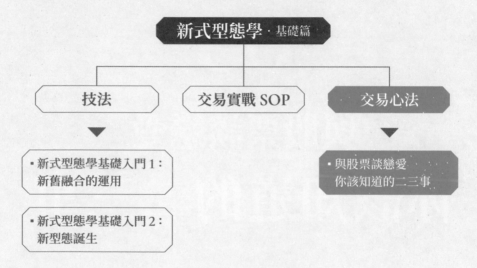

| 5-1 |

3個投資誤區
錯失賺錢機會

當你看到這個章節，代表對新式型態學的技法有初步的印象及認識，技法誠然重要，因為它是在戰場上殺敵的利器，但當技法熟讀之後，真正關鍵的還是實戰。早期我收的學生當中，有幾位分享在學習過傳統技術分析之後，還是小賺大賠，或是將學到的方法拿來用，放到實戰完全是兩回事，以至於後來不知道如何下單。

教科書理論不是全然不可信，因為新式型態學也是從傳統技術分析而來，這個基礎是重要的，但實戰會遇到各種光怪陸離的狀況，這時光靠教科書理論是稍嫌不足。

為了彌補操作上可能的缺失，在這個章節，將引用各種實戰

的情況來分辨，教你怎麼拆解疑難，避開可能的風險。

在此之前，這個單元先跟各位釐清幾個我認為在操作上常被誤解的觀念。

誤解①：別跟股票談戀愛

「別跟股票談戀愛」這句話相信絕大多數連不玩股票的人可能都聽過，台灣在 1970 年代的確有此一說，主要是奉勸大家不要抱著股票不放，因為當年股市上 12,800 點時，暴跌回到 2,400 多點，大跌 80%，很多高點套牢的股票，至此一去不回頭。

但為何我還主張跟股票談戀愛呢？這裡講的跟股票談戀愛，不是要大家抱到天長地久的意思，而是就像跟一個人談感情，你必須了解他的身家背景、研究他的可塑性及爆發性，就是我們常說的潛力股。

一旦做好研究投入下去，你就要懷抱著它會漲的意念，如果在途中不符合預期，你也要知道為什麼它不漲，是真的看錯方向，還是需要一些醞釀的過程，如果你胸有成竹，就不會像一些論壇上的投資人，一天到晚在罵垃圾爛股漲不動……

其實不是股票爛，可能是你不懂型態，如果能夠有效率地抓到起漲，高興都來不及了，怎麼還會罵呢？「擇你所愛、愛你所擇」，**在上漲理由消失前，我們要正面、樂觀積極。**

誤解②：不要開槓桿、不能做空

這其實是一個似是而非的觀念，坊間的言論多半是提到槓桿很危險，做不好一不小心傾家蕩產；又或者說做空很邪惡、做空是不道德的……我必須說，不論是開槓桿或是做多做空，這些都只是非常中性的工具及手法。

開槓桿，好比期貨、選擇權、權證、可轉債，如果善用的話，是事半功倍的好工具，特別適合小資族使用，因為需要準備的資金小，即使是股價高的個股，一樣有機會參與獲利。好比台積電（2330）在 2024 年 6 月 14 日時來到 922 元，現股等於要準備92.2 萬元才能買 1 張，但如果買台積電期貨 1 口，只要花 13.5%的保證金，一口是 2 張現股 184.4 萬元，期貨保證金只要準備24 萬多元（184.4 萬 ×13.5%），就可以持有價值 184.4 萬元台積電 2 張。

當然前提是，先學會怎麼看型態，如果連技術都不先具備，那麼槓桿產品的確不要碰，當技法都熟悉後，槓桿絕對是你的最好朋友。

再者是做空，股市本身就是一個大循環，有多就有空，這是一個自然現象，**如果我們總是能在盤勢上漲時做多，盤勢下跌時放空，順勢而為絕對是最好的交易模式。**

其實我早期在無聊詹群被稱為滅絕師太不是沒有原因的，**空**

方看得準確的話，賺錢效率勝過做多好幾倍，因為就像地心引力，一旦 K 棒、均線空頭開花，主力大戶倒貨的速度，加上散戶多殺多、人踩人，下跌極快。做多就像爬樓梯，要一步一腳印，很累又慢，但從樓梯滾下來只需要幾秒的時間……

誤解③：做多看多、做空看空

　　做多看多、做空看空這一點，很多分析師都有這個問題，這也是引誘散戶朋友不明就裡跳進去的原因。

　　人的本性是喜歡替自己找理由的，操作股票也是一樣，當你買進多單，理性就被關閉了，會盡可能去找所有支撐看多的理由，所以通常是單向看法。做空也是一樣，就像 2023 年 11 月

莎拉投資小教室

感情用事是大忌

　　相信操作股票久了都會有一種感覺，買低賣高基本上就是一件違反人性的事，誰喜歡在股票下跌時買？通常都是漲上去才來追，因為追高殺低才符合人性。

　　很多人在處理股票時經常感情用事，沒有根據的買股，沒有根據的抱股，結果可想而知，所以心態的養成與紀律的制定格外重要。新式型態學給各位的觀念是，看訊號辦事、科學實證，讀者們可以利用這個章節提到的各種紀律，來建立正確的心態，進而穩定獲利。

到 2024 年 4 月這一段大多頭，多少老派技術分析的所謂達人，帶著會員放空，從 19,000 點一路被嘎到 20,800 點，我聽到賠了上百萬元的不在少數。

新式型態學教大家的是兩面規劃，不要只看一個方向，在進場操作前先沙盤推演，如果出了 A 訊號，就走 A 方向，如果是 B 訊號，就執行 B 作法，做好事先規劃，實戰時只要按表操課，就比較胸有成竹，不會臨陣慌亂而下錯決定。

| 5 - 2 |

進出場規劃
學好停利和停損

在新式型態學中，所謂的 2 套劇本，指的是事先規劃，規劃之所以重要，是因為設定了許多對未來股價走勢的預判，也就是多重濾網的功能。

規劃的好處在於，可以有效去除心魔，當你將盤勢的多方怎麼走、空方又怎麼走都先想好，等訊號出現，球來就打。

此外，兩面規劃直接影響到的就是停利、停損，**一般我都建議在學會停利之前，要先學習停損**，首先給各位一個停損後，要賺回虧損金額的公式及數據：需要獲利率＝〔1÷（1－虧損率）〕－1。從圖表 5-2-1 計算結果可以看出為什麼停損規劃很重要，因為該停損卻腳麻的後果，除了越晚停損，損失越擴大之外，

主要是你之後要花數倍的力氣，才能賺回到原來的本金水位！

圖表 5-2-1 越晚停損 越難賺回來	
資金虧損率	彌補虧損所需獲利率
5%	5.3%
10%	11.1%
20%	25%
30%	43%
40%	67%
50%	100%
60%	150%
90%	900%

停損、停利 先掌握基本原則

　　說真的，各路人馬的停利、停損點不見得一樣，甚至和你自己的投資性格相關，所以沒有一套「標準」策略。我提供自己搭配新式型態學常用的方法給各位參考，大家也可以在市場磨練過後，用自己的方法停利、停損，重要是建立規劃。

● 停損的規劃

（1）期貨、選擇權、權證類等有效期、帶槓桿的商品，停損範圍稍微縮小，虧損不要超過原始標的的 10% 較好。

（2）現股約虧損 20% 左右就要考慮至少停損一半。

（3）以新式型態學的原則，買在靠近起漲的位置，多半是短底或支撐位，**所以當跌破支撐位 3 根 K 棒不站回，就先停損一半，損失範圍非常小，原則上不超過 5%**。剩下一半若站回，後續就等確認發動攻擊，再決定是否二度買回。

● 停利的規劃

（1）新式型態學中關於停利的模式，主要是從乖離搭配負背離的形成，以及布林上緣的壓力，來做綜合性的判別。

（2）在行情好時，以日線的布林上緣為第 1 個出場目標，週線的布林上緣為第 2 個出場目標。

（3）行情不好時，可以 60 分 K 的布林上緣為第 1 個出場目標，日線的布林上緣為第 2 個出場目標。

（4）例外情況是，布林通道呈現陡峭式的喇叭口打開，此時可用穿心箭的手法來評估出場點。

進階操作 善用支撐、壓力線

用實戰來舉例，前面我們有提到關於緯創（3231）型態操作，這檔當初從 161.5 元回測到 90 元附近，花了 4 個月左右的時間打弧形底整理，在關鍵點位上 App 又跳出了訊號，這時如何做

兩面規劃？

　　從圖表 5-2-2 可以看到緯創從創高位置下來經過了將近半年的時間，打了弧形大底（位置①），之後出現頭頭高、底底高的上升趨勢走法（位置②），因此最好的介入位置在約莫 96 元附近（位置③）。在進場前，我們可以將支撐、壓力線畫出來（位置④），也就是停損、停利的位置。當你做完規劃後，一定要盯盤確認多頭開花帶量起漲時，毫不遲疑跳進去！

　　從圖中來看，停利、停損的位置該怎麼設定？停損位置應該畫在上升通道的第 1 低位 93 元，而最底限的停損位置是平台底（位置⑤）的 89 元。

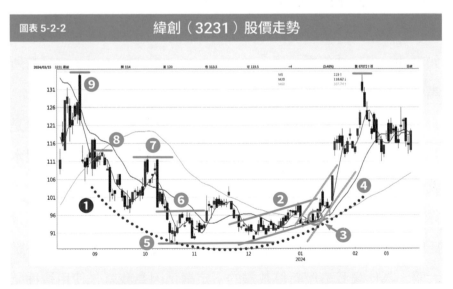

圖表 5-2-2　緯創（3231）股價走勢

資料來源：CMoney 法人投資決策系統

停利位置則不止 2 處，有些人會在頸線（位置⑥）這個地方下車，再來是之前下降通道的反彈高點（位置⑦），以及後面位置⑧跟位置⑨同樣都是壓力處。當初我對高點的預判就是位置⑧跟位置⑨之間，因為新式型態學要大家分批停利，所以可以按照操作週期長短及個人心態承受度來決定要在哪些階段停利。

來計算一下風險與報酬的比率，如果你買在 96 元，下檔風險最多是 3 ～ 7 元；但往上的獲利空間有 7 ～ 39 元之多！這樣的風報比是可接受的。以上方式是操作示範，各位手中持股也可以利用同樣的方式規劃。

用百分比停利 可能賣在起漲點

很多傳統技術分析的停損、停利往往採用百分比的方式，例如當沖、隔日沖停損、停利在 2% ～ 3%，小波段 10%，或是有所謂的移動停利法。

但新式型態學主張我們採用的是撐壓的觀念，因為不論是 2% ～ 3% 或 10%，**每檔個股型態不同，也許你停利在 2%，根本就是起漲點的位置**，但有些卻剛好是壓力位置，操作過幾次後，你會覺得每次停利都停太早，於是一不小心放大期待的獲利百分比時，剛好就遇壓下跌，這種莫非定律多幾次，就容易導致小賺大賠。為什麼我這麼斬釘截鐵的下定論？因為我就是使用這種紀

律的受害者。

不是說設定百分比的方式不好，而是絕大多數的投資人心態不穩定，如果你能遵守鐵血紀律，的確可以小單小單累積，但你必須保證你的勝率高，不然一樣容易賠錢。**因為傳統技術分析要大家買在準備創高或剛突破的位置，近幾年主力手法也有變化，導致上述方式失靈。**

再以台指期舉例，很多人喜歡在箭頭處（圖表 5-2-3），即下跌時追空，如果隨時記得把趨勢線畫出來，做好兩面規劃，就不會去做追空的動作，這位置只要一出現紅 K，就是反轉訊號，反而是要進多單才是。

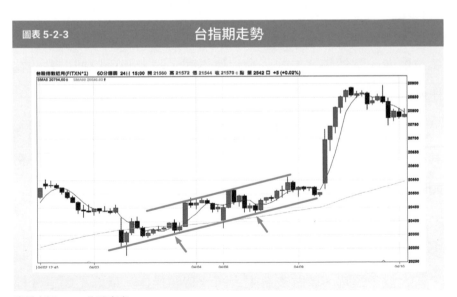

資料來源：XQ 全球贏家

| 5-3 |

多空行情
資金分配方法不同

通常多頭和空頭的資金分配應該要有所不同,尤其空頭時,資金分配要更細緻。以下是我個人實戰經驗的舉例,供各位參考。當然每個人的資金水位不同,讀者們可以把重點放在比例的分配上。

以我個人為例,用在短期操作的資金以 600 萬元為上限,其餘資金多半存進房產、未上市投資及小型基金,且遇多頭及空頭時,資金會做不同的調整,詳細說明分述如下。

多頭時期 個股操作不超過 3 檔

大盤多頭時,以做多為主,同一時間操作,最好不超過 3 檔

個股。

此外，多頭時又可分為盤整、高檔位階 2 種情況，後者例如寫書時，台股在 2 萬多點歷史相對高檔的情況，我也會做不同資金的分配。一般來說，多頭時我每一檔個股的資金會平均分配約 150 萬～ 200 萬元，餘數備用或操作台指；若處於盤整或高檔位階時，則個股資金會減為各 100 萬元，餘數備用或操作台指。

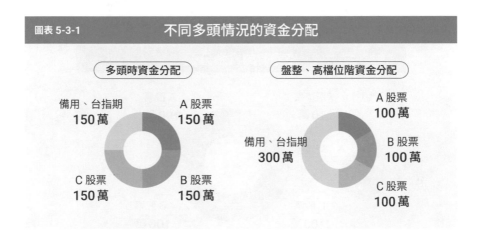

圖表 5-3-1　不同多頭情況的資金分配

多頭時資金分配
- 備用、台指期 **150 萬**
- A 股票 **150 萬**
- C 股票 **150 萬**
- B 股票 **150 萬**

盤整、高檔位階資金分配
- A 股票 **100 萬**
- B 股票 **100 萬**
- C 股票 **100 萬**
- 備用、台指期 **300 萬**

空頭時期 操作以放空大盤為主

若遇到大盤走空，以做空大盤為主，同時仍可操作個股，不過選股便至關重要。

▪ **做空大盤**：指數部分，大、小台 10 ～ 20 口（採分批布局，我的操作金額約 100 萬～ 200 萬元，不熟悉操作的人建議縮小

金額，不要重押）；台積電期貨（或其他權值股）空單 5 ～ 10 口；選擇權 20 ～ 50 點為主（5 萬～ 10 萬元操作）。

▪ **個股操作：** 每一檔個股平均分配約 100 萬元，短做，並分主跌段、緩跌（止跌）段 2 階段操作。主跌段時，通常是順勢放空居多，多單會暫緩。空單每一檔平均分配約 100 萬元，並極短做；緩跌（止跌）段時，大盤極空段結束後，有可能會出現小紅 K、小黑 K，等待反轉，此時小量多單，並極短做。

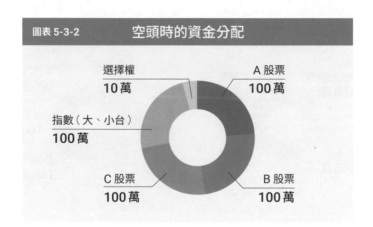

圖表 5-3-2　空頭時的資金分配

選擇權
10 萬

A 股票
100 萬

指數（大、小台）
100 萬

C 股票
100 萬

B 股票
100 萬

｜5-4｜

善用型態學
跟單也有SOP

我一再呼籲大家不要跟單，因為每個人入手成本不同，而且現在很多所謂的達人網紅會利用平台來吸引人來幫抬轎，跟早期到現在的投顧一樣的伎倆。

還記得我前面提到小白時期什麼想得到的付費教學、投顧都參加過，一般會員 1 季（3 個月）16 萬元，我買下去可不手軟，還一心覺得聽起來頭頭是道。我每天認真看 90 台節目，幻想自己很快就能財務自由了。一開始真的有小賺，過一陣子，幾乎每檔都套牢。

原因很簡單，投顧會員一層又一層，一般會員、高級會員、VIP 會員、金鑽會員、頂級會員……眼花撩亂的會員體制。我是

金字塔最底層，專門負責幫大戶抬轎，我怎麼可能賺得到錢？這幾年，網紅達人當道，手法跟投顧無異，我舉 2 個真實案例給各位聽，這些都取自股市爆料同學會。

2023 年 8 月下旬發生一起力特（3051）事件，當時平台上 2 名擁有小量追隨者的「達人」，每天吹捧力特，從 20 幾元帶散戶進場，一路炒作到翻倍僅花了 1 個月時間，引起了 GME 效應。當然這樣類比不太恰當，因為力特事件只是同學會上的茶壺小風暴，不能與撼動國家級金融事件相比擬，但這反映出一件事，過去因為網路不發達、資訊不透明，一般散戶很難操控股票的股價，**但自從社群軟體興起，大家成群結社互通有無，尤其是小型股，非常容易被操控。**

聽到明牌 先看圖畫出型態

事件詳細經過我就不多贅述，我要表達的是，人為介入的股票你能不能跟單？我只能說，**只要你學會了新式型態學，你愛怎麼跟就怎麼跟！因為你會知道一檔股票是在起漲點，還是乖離過大處。**

換言之，如果有一天你聽到有人在傳某一檔個股的消息，這時你第 1 件要做的事，一定是來告訴莎拉（大誤，哈哈！），第 1 件事要做的，以力特為例，是確認日線型態是否正處在準備多

GME 效應

GameStop Corp（美股代號 GME）是一家美國的電子遊戲和電子產品零售商，因為經營不佳（2019 年虧損 7.95 億美元），成為對沖基金做空的目標，許多基金預期 GME 股價將進一步下跌。然而，Reddit（類似台灣 PTT 社群網站）用戶發現這個情況，聯合起來大量買入 GameStop 股票，讓 GME 股價從 20 美元飆升至超過 400 美元，迫使對沖基金不得不以更高的價格回補股票，導致巨額損失。

此事件引起了市場高度關注，有幾家陷入破產危機的「水餃股」，也在這波散戶逆襲下股價暴漲。「GME 效應」指的就是股價變動與公司基本面無關，而是受到炒作的影響。

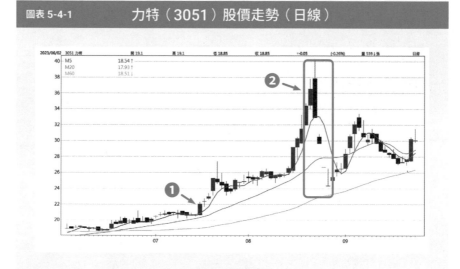

圖表 5-4-1　力特（3051）股價走勢（日線）

資料來源：CMoney 法人投資決策系統

頭開花（圖表 5-4-1 位置①），還是乖離過大處（圖表 5-4-1 位置②）？如果股價是在起漲位附近，進場條件成立。

其次，確認週、月線，是否有機會是長線起漲的位置，如三角收斂處（圖表 5-4-2），一突破時就是起漲最漂亮的攻擊信號。

力特這一檔還算是有良心，後續還有讓人解套躲過一劫的機會，但另一檔就沒有這麼好運了。2023 年 11 月底的安鈦克（6276），一檔名不見經傳的股票，突然被某人講得天花亂墜，一時讓好多人瘋狂搶進，但型態上根本不適合進場，其後就是老戲重演，當下被套在高點的人還像中邪一樣相信著某人，帶頭的

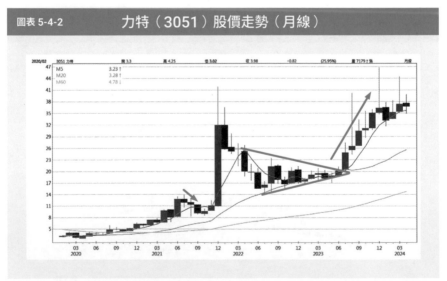

圖表 5-4-2　力特（3051）股價走勢（月線）

資料來源：CMoney 法人投資決策系統

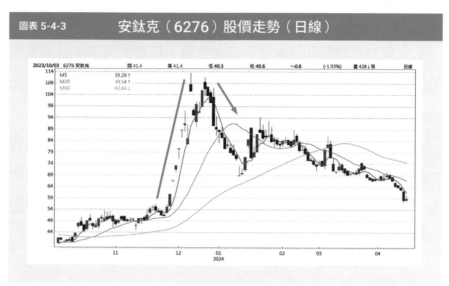

資料來源：CMoney 法人投資決策系統

資料來源：CMoney 法人投資決策系統

人早就笑嘻嘻數鈔票去了。

　　一檔股票的漲跌原本是非常中性的，你買的位階才是決定成敗的關鍵，如果你看不懂型態，一不注意套在山頂，那真的會很心痛。

　　每次我跳出來幫大家規劃接下來如何解套應對，是因為我對於這些人在低檔喊進也就算了，但到了極高的位置，還繼續催眠散戶進場，讓他們好出貨，這種行為我深感不齒，各位真的要懂得保護自己。

| 5-5 |

賺錢不難
擺脫３類渣男股！

這一節要來談談實戰時很重要的一個觀念，就是了解一檔個股的股性。我選股最怕碰到股性不佳的類型，就像談戀愛時，碰到渣男一樣。不過因為每個人評斷標準不同，我只是象徵性示範幾個類型，以下的範例不代表是不好的股票，因為有人靠這些類型賺進巨額財富，只是和我「不搭」而已！

千年牛股 八風吹不動

這類個股最常出現在大型權值，股本大不容易撼動，另一個特色是，新手同學如果看籌碼可能會有錯覺，認為籌碼長時間有法人大買，一定會大噴特噴，結果就是望夫石，等到天荒地老，

有一天你實在忍不住賣掉，它就噴了！

　　舉例最經典的就是鴻海（2317），距離今年（2024 年）噴發的前一段大漲是在 2020 年！將近 3 年半的時間，試想小資族有耐性等這麼長的時間嗎？所以這裡要提醒各位一個觀念，**如果你是操作短線為主的人，盡量避開這種大牛股，但如果是大戶閒錢投資，倒不失為一個存股的好標的。**

　　那麼同學可能會問，這種類型的股票就完全不能操作了嗎？也不是的，前面我有提及自選股池，重要的各產業大型權值都會存放進來，像我在 2023 年 11 月初觀察鴻海股價來到 94 元後沒有再破底，後續就經常巡水田，在 2024 年 3 月時我看到它均線的表現，第一時間發文提醒，起漲點到了。接著立馬起噴，截至寫書時最高來到 179 元，短短 6 週時間漲了約 75%。**這種盤整時間越長的股票，當發動的時候，往往都是史詩級的噴發。**

　　我看到了哪些起漲訊號呢？其實前面都有教，這裡再複習一次。分別從日線和週線來看，從日線判斷的話，突破平台高點第 1 根就是改變慣性壓力的位置（圖表 5-5-1 箭頭處），這樣進場效率才會好，不然大牛股平時是較不適合短線操作的，但練盤感除外，用期貨來回打單賺錢是可接受的。

　　週線判斷起漲的關鍵指標是破切（突破下降切線）第 1 根的觀察，在破切第 1 根介入是效率極佳的位置（圖表 5-5-2）。

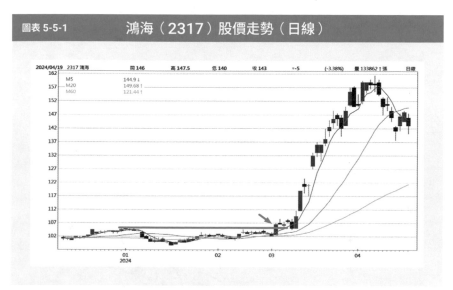

資料來源：CMoney 法人投資決策系統

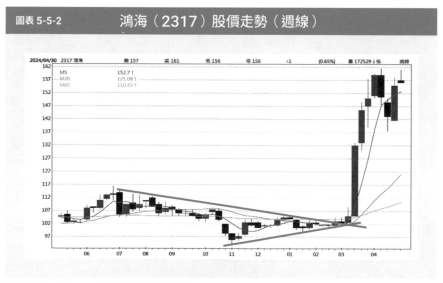

資料來源：CMoney 法人投資決策系統

莎拉投資小教室

新式型態學技法套用

利用等幅測距，可以將鴻海 2024 年 3 月起漲的初升段噴發幅度，拿來套用到主升段的目標位置。後續有機會出現型態複製的話，就有可能繼續走等幅測距（圖表 5-5-3）。

圖表 5-5-3 利用盤整橫向長度預測漲幅

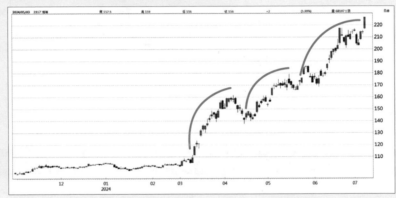

資料來源：CMoney 法人投資決策系統

黏 TT 股 進 1、退 2 亂人心

如果遇到 K 棒經常進 1 步、退 2 步，每根 K 棒很黏，每天留下長長的上下影線，這種類型的股票容易擾亂心情，如果你的個性屬於很容易受影響的人，建議盡量少操作此類型股票。

我用幾檔不同類型線圖來對比，各位就能一目瞭然。好比頎

邦（6147）、原相（3227），經常出現 K 棒線很雜、不夠乾淨
的走勢（圖表 5-5-4 上方）；而長榮（2603）、欣興（3037）
這類型，K 棒走法較為乾脆、線圖乾淨（圖表 5-5-4 下方）。

　　當然這些舉例不是說一定不能操作，也不是指這些個股不
好，還是要看每個人的個性，去找適合匹配的個股操作，才能如
魚得水、穩定獲利。

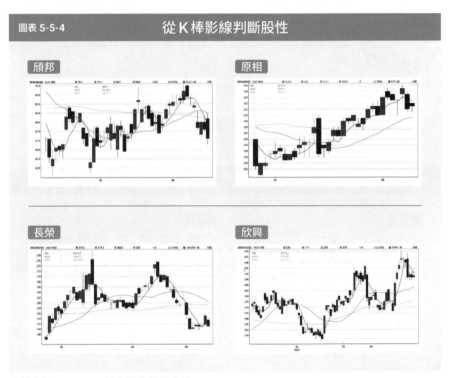

圖表 5-5-4　從 K 棒影線判斷股性

資料來源：CMoney 法人投資決策系統

貴公子股 翻臉像翻書

第 3 種型態較難預測，通常下跌前不容易分辨訊號，脾氣說來就來，這種類型股票多半出現在小型股以及當沖熱門股，建議新手盡量別湊熱鬧，一不小心就重傷。有時為了貪蠅頭小利，最後套在高點洗碗，太得不償失。

以下舉例的都是在當下高檔熱門股，週轉率大，常常爆大量，短線客進出頻繁，1 天漲停、1 天跌停，通常建議人多的地方不要去。熱愛冒險，看得懂支撐、壓力，可以快進快出的投資人，則不在此限。

不過這類型股票不會一直維持高檔不墜，等到熱度過了，1 根反轉跌破慣性，市場是很現實的，立刻換一批新歡了。

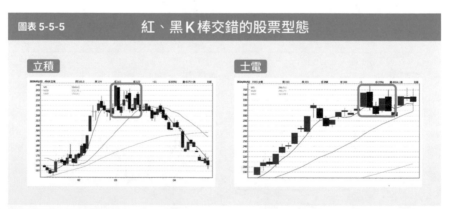

圖表 5-5-5　紅、黑 K 棒交錯的股票型態

資料來源：XQ 全球贏家

| 5-6 |

不追高、只低接
分批了結獲利

至此來到本書最後一節，雖然是放在最後一段，卻是好戲壓軸。我們常說如果沒有良好且健康的心態，並且紀律不穩定，那麼就算技法再到位，也無法穩定獲利。

在前面章節時不時會提到與心態紀律相關的內容，在這裡來做一個總結。

投資慢慢來 真的比較快

目前市場操作高手可大致分為 2 大類：一派是追量能，有量才有價，沒有量的不碰；一派是買起漲，在可能發動的位置，開始布單，等待後續大噴。我媽媽的操作屬於前者，這種類型的投

資人，藝高人膽大，可以第一時間進場，也能果斷離場，前提是不管有賺錢與否，都不會拖泥帶水。

但大多數人無法做到上述的紀律，原因是「心」不夠強大。像我多次在大庭廣眾下承認，我很膽小，不喜歡去人多的地方湊熱鬧，寧願觀察訊號，在起漲前布單。也就是「買在沒沒無聞處、賣在市場追進時」。我希望大家能做後者的買起漲，這也是我發明設計新式型態學的目的。**因為多數投資人看不懂真正的訊號，通常都容易急躁，買在錯誤的位置上，導致貪快反變慢，想賺快錢反而大賠。**

「慢慢來，比較快」是我想送給大家的一句話，一般人會好奇，慢慢來怎麼可能快呢？這明明是一句悖論。但在股票市場中，調整步調、穩紮穩打，讓心慢下來，謀定而後動，反而容易看清楚型態變化，順勢為之進而獲利。

由小部位開始 建立大信心

調整心態與紀律的第 2 步——由小做起。通常我們的野心都很大，每次一買進就開始幻想要暴賺，因此大手大腳，一下過度槓桿、一言不合就 All in。但問題是我想大家都有這樣的經驗，包括我，每次押小就賺，押大就賠，神奇的莫非定律。因此建議各位使用新式型態學操作一開始先從小部位開始「練手感」，也

盡量不開槓桿。

另外，很多同學問我，如果會有心魔，是不是應該先用類似股市大富翁的模擬下單？老實說，我入行這麼久，從來沒用模擬單操作過，因為模擬單不是自己的錢，輸贏不痛不癢，我周遭不少朋友，玩模擬單都賺，實單卻是賠居多。原因就出在心魔，用真金白銀上戰場時，一點風吹草動就亂了陣腳，小賺忍不住就出掉，大賠反而腳麻跑不動，幾次下來當然就會小賺大賠。

所以我才說，先由小部位實單玩起，直到真正熟悉新式型態學的技法，再慢慢放大資金槓桿。再者，我前面也有提到，資金配置比重必須穩定，不要買3檔，1檔重押、另外2檔「奈米」單，萬一奈米單大噴，大押的反而小賺或是賠，導致勝率及賺賠比嚴重失衡，如此心態怎麼能穩呢？

魔鬼藏在細節 堅持就是贏家

我在設計教學時，也常常強調的一點，就是「魔鬼藏在細節裡」，如果我們願意對細節堅持，利用新式型態學的多重濾網概念，不管是 K 棒組合型態、均線型態、量價關係、法人籌碼、基本面及消息面的觀察，各種工具搭配，乃至於心法紀律……最終目的就是讓我們避免追高、彎腰買菜（進），並透過分批進出，最終達到穩定獲利的境界。

　　寫到這裡，期許我愛的各位，這 1 年來，我字字句句反覆斟酌刻劃，就是心繫著相信新式型態學的你們，如果透過本書，能夠一步一步構築起適合個人的操作邏輯，那麼對美好未來的期待將不再遙不可及。就讓我們攜手，一起穩定獲利一輩子吧。

　　謝謝大家，我是莎拉 ♥

| 附錄 1 |

盤前、盤中、盤後
操作時間規劃

多 年交易下來，我認為建立良好的紀律是非常重要的事，
我自己在開盤前、盤中看盤以及收盤後，都有不同的功
課要執行，以下分享我自己的操作時間規劃，希望各位也能養成
好習慣。

操作時間規劃

盤前準備工作	盤中看盤技巧	盤後復盤檢討
18:00 ～ 05:00	08:45 ～ 13:45	13:45 ～ 18:00

每日盤前準備工作（18:00～05:00）

（1）前一晚確認夜盤、台積電 ADR、台積電期近全及美股走勢；

（2）將台指趨勢、位階可能的兩面走法先規劃好，決定隔天操作多或空；

（3）使用「型態學教室」App 選股，搭配籌碼 K 自選股池裡瀏覽一遍籌碼好的股票；

（4）對照新聞有沒有特殊話題或事件；

（5）初步選股後，一檔一檔確認型態是否符合進場條件，確認短分 K 位置；

（6）隔天開盤前，確認夜盤收盤位置；

（7）早上 8～9 點可參考日韓股市走向；

（8）快速瀏覽早晨重要新聞；

（9）確認操盤工具是否正常。

盤中看盤技巧（08:45～13:45）

● 多頭市場時

（1）8:45 期貨開盤，初步判斷當天走勢；

（2）確認自選個股的股期是否開高正向；

（3）9:00 開盤前，如果試撮正向，可先掛單三分之一；

（4）當沖操作最好確認大盤方向，如**要沖多方，股票切記不可**

開過高,**最理想是開高 1% ～ 2%**,關注 5 分 K 是否形成 5 分起漲當沖法的型態,如果開高回測不破平盤可進,直到拉高到負背離出現或乖離過大時,再分批出場;

(5)如果是前一日已買進的個股,**當日開高拉不動時,可考慮先獲利一半出場**,因隔日沖倒貨完,可能後續再拉;

(6)空手者不在開盤進貨,而是等盤中有回測到支撐附近位置,再配合各短分 K 考慮是否進單。

(7)可同步配合「型態學教室」App 及籌碼 K 做盤中觀察。

● 空頭市場時

(1)8:45 期貨開盤,初步判斷當天走勢;

(2)確認自選個股的股期是否開低;

(3)9:00 開盤前,如果試撮下跌,可先掛單三分之一賣出或可以放空;

(4)當沖操作最好是確認大盤方向,如要沖空方,**股票切記不可開過低,最理想是開低 1% ～ 2%**,如果直接打到支撐,切勿追空,最好等回補完再看是否可空;

(5)如果是前一日已買進的個股,當日開低,可考慮開盤先停利(或停損)一半出場,因隔日沖倒貨完,若後續彈起來,再決定是否清空或留單;

（6）如空手要買多單，不在開盤進貨，而是等盤中有回測到支
撐附近位置，再配合各短分 K 考慮是否進單。

（7）可同步配合「型態學教室」App 及籌碼 K 做盤中觀察。

盤後復盤檢討（13:45 ～ 18:00）

（1）復盤今日操作的進出點，對照事後的線型，是否跟盤中判
斷的符合；

（2）可筆記或截圖將問題點標註，作為提醒，避免日後失誤；

（3）下午 5 ～ 6 點過後，確認「型態學教室」App 及籌碼 K 中
個股當日的籌碼及型態表現；

（4）制定庫存後續的進出計畫。

| 附錄 2 |

「型態學教室」
App 使用教學

歡迎來到「型態學教室」App 的使用教學單元！在看完及熟悉新式型態學基礎的技法後，強烈建議各位搭配「型態學教室」App 來操作。

我們說新式型態學的 2 大基石是基礎型態學以及進階型態學，最重要的技法精華都在其中，而「型態學教室」App 則是工具，技法要搭配好的工具，才能達到事半功倍的效果。

各位試想台股目前有 1,800 多檔，就算肉眼 1 分鐘看 3 檔股票型態（我看股票的標準速度），也要花 600 分鐘，也就是 10 小時！誰有這麼多時間每天看 10 小時，這還只是先掃過去，若要再規劃選擇哪幾檔操作，都不用睡覺了！

　　記得 2022 年 9 月發展這一套選股工具時，因為莎拉是個極重視效率的人，所以一簽完約每天纏著工程師光仁，在短短 3 個月不到，一些比我早開始規劃軟體設計的達人們還在難產的過程，我們就順利催生出現在的「型態學教室」App 第 1 版了。

　　雖然是極短時間就產出，但絕對不是急就章，之前有學員幫忙回測過各大達人軟體，比較之下，「型態學教室」App 是勝率及報酬率超高的一支工具！原因在於本書一再強調的買起漲觀念，所以我在設計策略時，都是以起漲、起跌為藍圖。初期是分多空方，有 N 字勾、小碎步、有底撐、穿心箭以及下樓梯，2024 年 2 月，改版推出新的即時訊號的金包銀策略及撐竿跳，等於是將型態學的各方精華灌注到軟體之中。

　　當然我也要特別提醒大家，電腦程式寫出來的策略，無法顧及到所有的多重濾網條件，一方面要避開帶進帶出的問題，一方面如果要比照人腦判斷，在需要眾多條件都符合的情況下，可能 1 天也挑不出 1、2 檔標的來。所以最理想的選股步驟，是先從 App 跳出的類型，挑選出自己喜歡或熟悉的標的，因為應用程式已經幫各位過濾了絕大部分的股票，篩選出來的，都是有機會起漲、起跌的股票，再利用型態學技法二度篩選更精準的進出場位置。

　　另外一件重要的事，因為基於「大盤是海、個股是船」的概

念，當大盤走正多頭時，盡量找多方勢策略操作，如大盤遇逆風走空，建議暫時少做多方勢或積極放空，因為順勢而為是新式型態學非常強調的部分。以下將 App 裡的各種策略做簡單介紹：

策略①：N 字勾型態

N 字勾是前波大漲後，股價經過一段時間降溫，回到支撐位置附近整理，有機會再次發動的個股型態。策略操作邏輯說明如下：

（1）盤後跳出的標的首先可以看看心動指標的分數，可以從分數高者先關注（高至低分大橘、粉橘、米白、藍綠 4 種顏色）。

（2）再來確認回測到哪些均線，越多條（週、月、季）代表可能的支撐越強。

（3）盤點籌碼集中的程度，近 5 日、10 日、20 日若都是集中，代表整理完越容易向上發動。

（4）買賣超分點已幫各位篩選出最大買超減去最大賣超後的數值，可有效判斷籌碼 1 日集中程度，依據位階評估有無價差可圖。

策略②：小碎步型態

小碎步型態指的是 K 棒用墊步的方式，連續出現頭高底高、

2～3 根實體極短的 K 棒型態。通常出現量縮墊步後，第 3 天或第 4 天會出一根大紅 K 棒，這樣的預備動作，被稱為小碎步。策略操作邏輯說明如下：

（1）盤後跳出的標的首先可以看看心動指標的分數，可以從分數高者先關注（大橘、粉橘、米白、藍綠）。

（2）進入個股確認小紅、黑 K 棒距離均線位置，最理想的是靠近生命線附近即將發動。

（3）盤點籌碼集中的程度，近 5 日、10 日、20 日若都是集中，代表整理完越容易向上發動。

（4）買賣超分點已幫各位篩選出最大買超減去最大賣超後的數值，可有效判斷籌碼 1 日集中程度，依據位階評估有無價差可圖，通常遇到分點大買，隔天噴出機率將增加。

策略③：有底撐型態

引用布林通道最經典的特性之一，即打穿布林下軌 3 天不破低的有底撐型態，前提是大盤偏多方時，再搭配 K 棒組合及均線型態的綜合判別，此法為操作小波段之利器。策略操作邏輯說明如下：

（1）盤後跳出的標的首先可以看看心動指標的分數，可以從分數高者先關注（大橘、粉橘、米白、藍綠）。

（2）進入個股確認 K 棒距離布林通道位置，最理想的是 60 分
　　　K 的布林，K 棒即將往中關靠攏。

（3）盤點籌碼集中的程度，近 5 日至少偏集中，代表較容易向
　　　上發動。

（4）買賣超分點已幫各位篩選出最大買超減去最大賣超後的數
　　　值，可有效判斷籌碼 1 日集中程度，依據位階評估有無價
　　　差可圖。通常遇到分點大買，隔天噴出機率將增加。

策略④：看可轉債操作現股

　　可轉債與現股經常有一定程度的連動，尤其是發行前、離轉
換價越接近，以及只剩 1 年內股價尚未發動或極少數被轉換的情
形發生時，再配合籌碼動向，有時容易有大行情產生，透過策略
跳出，可做波段或中線的規劃。策略操作邏輯說明如下：

（1）盤後跳出的標的可以看看心動指標，有跳出大橘心代表值
　　　得先關注。

（2）股債轉換在正負 3%，多半代表短線上現股即將或正在發動
　　　中，可點選進現股觀察型態是否適合介入。

策略⑤：穿心箭型態

　　穿心箭型態是個多空皆可操作的型態，當大盤偏多，K 棒跌

破上軌稍事休息後，有機會沿著布林通道喇叭口打開，再次發動攻擊，形成飆股結構；如大盤轉弱，K 棒跌破上軌，3 日站不上便有機會出現一段急殺。策略操作邏輯說明如下：

（1）盤後跳出的標的首先可以看看心動指標的分數，可以從負分數高者先關注（藍綠、米白、粉橘、大橘）。

（2）進入個股確認 K 棒距離布林通道位置，最理想的是 60 分K 的布林，K 棒即將向下往中關靠攏。

（3）買賣超分點已幫各位篩選出最大賣超減去最大買超後的數值，可有效判斷賣超籌碼的強度，依據位階評估有無價差可圖。通常遇到分點大賣，隔天續跌機率將增加。

策略⑥：下樓梯型態

與小碎步剛好相反的型態，K 棒用墊步的方式，連續出現頭低底低、2 ～ 3 根實體極短的 K 棒。通常出現量縮墊步後，第 3天或第 4 天容易出一根大黑 K 棒，這樣的預備動作，稱為下樓梯型態。策略操作邏輯說明如下：

（1）盤後跳出的標的首先可以看看心動指標的分數，可以從負分數高者先關注（藍綠、米白、粉橘、大橘）。

（2）進入個股確認小紅、黑 K 棒距離均線位置，最理想的是有均線在上方形成反壓，越多根均線越容易下殺。

（3）盤點籌碼集中的程度，近 5 日、10 日、20 日若都是大賣，
代表向下機率大增。

策略⑦：金包銀型態（市場獨家）

▪ **金包銀即時訊號的使用時機**：下壓的長天期均線在頭上，
生命線在底下形成支撐，將 3 條短均線包覆在其中，短均線在生
命線的保護下，來回運行直至突破蓋頭反壓均線的過程，當盤中
即時訊號出現，表示位置在相對支撐低位。

▪ **金包銀盤後使用時機**：下壓的長天期均線在頭上，生命線
在底下形成支撐，將 3 條短均線包覆在其中，短均線在生命線的
保護下，來回運行直至突破蓋頭反壓均線的過程。操作可配合接
近生命線位置時買進，觸碰反壓時獲利了結。

策略⑧：撐竿跳型態（湯姆士迴旋，市場獨家）

使用時機是日線的長天期在頭上，短天期在腳下，當長天
期扣抵快速下壓時，有機會形成 K 棒越過壓力而形成一根大紅
K 棒。

「型態學教室」App 使用介面

　　各位按照以上說明可大致了解「型態學教室」App 的使用方法了,那就快下載來試用看看吧!

①多空不同選股型態

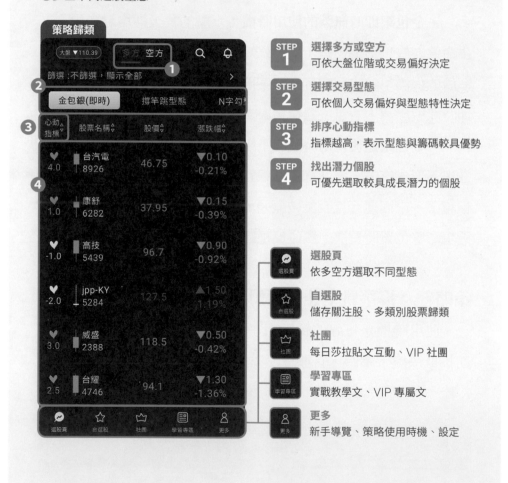

策略歸類

STEP 1 選擇多方或空方
可依大盤位階或交易偏好決定

STEP 2 選擇交易型態
可依個人交易偏好與型態特性決定

STEP 3 排序心動指標
指標越高,表示型態與籌碼較具優勢

STEP 4 找出潛力個股
可優先選取較具成長潛力的個股

選股頁
依多空選取不同型態

自選股
儲存關注股、多類別股票歸類

社團
每日莎拉貼文互動、VIP 社團

學習專區
實戰教學文、VIP 專屬文

更多
新手導覽、策略使用時機、設定

②提供多項個股資訊

　　以 N 字勾舉例，可以從介面清楚看到各種資訊，包括：股價、當天漲跌幅、即時量能、即時走勢圖、均線回測位置（週、月、季線是否回測，有回測到的位置以紅字標示）、籌碼趨勢（5、10、20 日集中度，集中則以紅字標示）、法人買賣超占股本比例、重要買超分點以及產業分類等 9 項資訊。

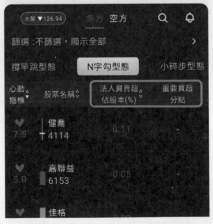

③觀察個股型態

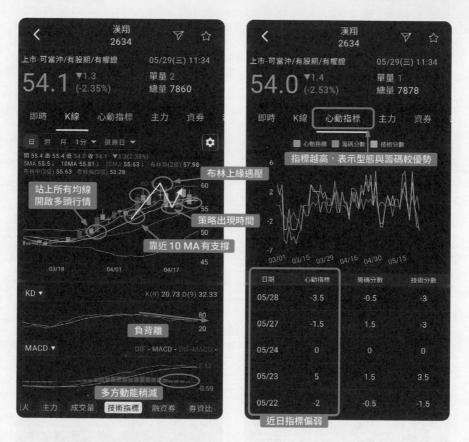

各位按照以上圖例可大致了解「型態學教室」App 的使用方法了，趕快下載來試用看看吧！

掃描 QR Code 下載並領取型態學教室 & 籌碼 K 線專業版 App 7 天免費試用序號（每個帳號限領取 1 次）

索引

新式型態學
175 張圖 ×22 種多空 K 棒組合 ×8 種獨創型態
股市新手一出手就賺

作者：莎拉（Sara Wang）

總編輯：張國蓮
副總編輯：周大為
責任編輯：李文瑜
美術設計：謝仲青

董事長：李岳能
發行：金尉股份有限公司
地址：新北市板橋區文化路一段 268 號 20 樓之 2
傳真：02-2258-5366
讀者信箱：moneyservice@cmoney.com.tw
網址：money.cmoney.tw
客服 Line@：@m22585366

製版印刷：緯峰印刷股份有限公司
總經銷：聯合發行股份有限公司

初版 1 刷：2024 年 7 月
初版 8 刷：2024 年 8 月

定價：450 元

國家圖書館出版品預行編目（CIP）資料

新式型態學：175 張圖 x 22 種多空 K 棒組合 x 8 種獨創型態
股市新手一出手就賺 / 莎拉 (Sara Wang) 著 . -- 初版 . -- 新北
市：金尉股份有限公司 , 2024.07
　面；　公分
ISBN 978-626-98574-6-3(平裝)

1.CST: 股票投資 2.CST: 投資技術 3.CST: 投資分析

563.53   113009141

Money錢

Money錢